Übersichtskarte

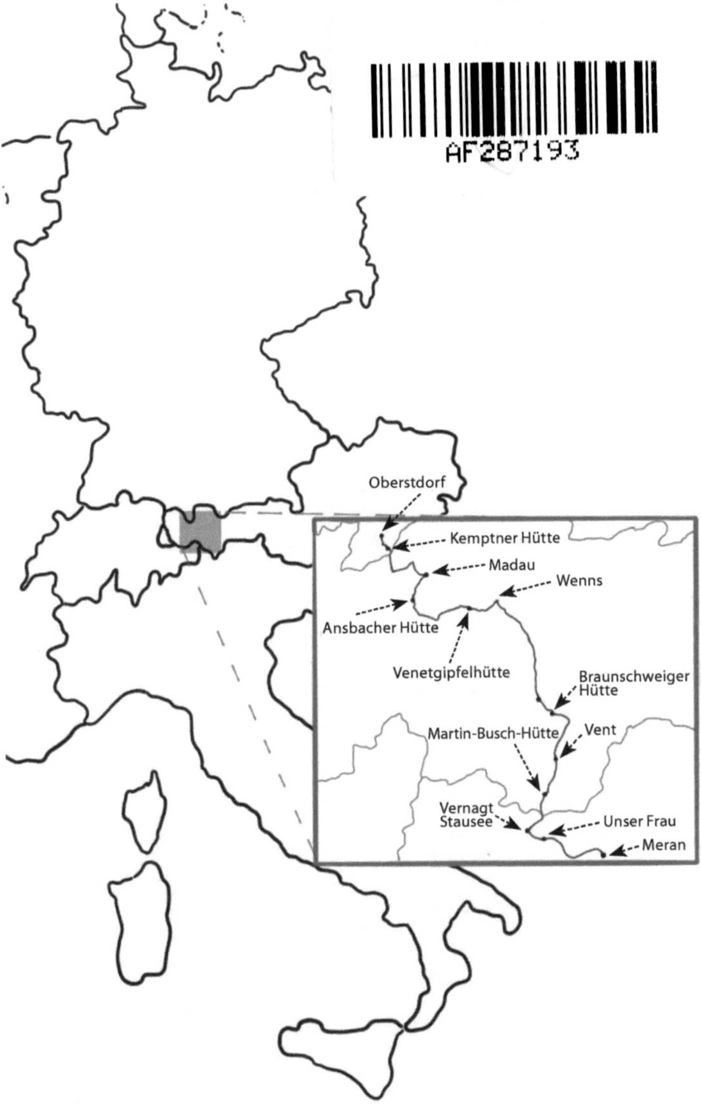

Oberstdorf
Kemptner Hütte
Madau
Wenns
Ansbacher Hütte
Venetgipfelhütte
Braunschweiger Hütte
Martin-Busch-Hütte
Vent
Vernagt Stausee
Unser Frau
Meran

Heike Wolter

Alpenüberquerung mit Kindern

Familienwanderung
E5 in 10 Tagen

+ Tipps für
jedes Wetter

+ Routen für E5
Tagestouren

edition
riedenburg

Bibliografische Information der Deutschen Nationalbibliothek:
Die Deutsche Nationalbibliothek verzeichnet diese Publikation in der
Deutschen Nationalbibliografie; detaillierte bibliografische
Daten sind im Internet über http://dnb.d-nb.de abrufbar.

Achtung:
Bitte überprüfen Sie vor dem Wandern Ihre körperliche Eignung und übernehmen Sie sich nicht! Beim Wandern mit Kindern gelten überdies besondere Ruhezeiten und Pausen. Dieses Buch kann für Sie allenfalls als Ideengeber dienlich sein. Es gibt keine Garantie dafür, dass die vorgestellten Wanderungen für Sie und Ihre Familie auch tatsächlich durchführbar sind.

Die Angaben in diesem Buch wurden sorgfältig erhoben. Dennoch können sich Routen, Fahrpläne und Kosten laufend ändern. Bitte überprüfen Sie daher direkt vor einer geplanten Reise nochmals selbstständig, ob Ihre Route zur gewünschten Jahreszeit in der geplanten Form gewandert werden kann.

→ **Redaktionsschluss für Fahrtzeiten und Verbindungen: 15. Oktober 2020**

2. Auflage	November 2020
© 2018–2020	edition riedenburg
Verlagsanschrift	Anton-Hochmuth-Straße 8, 5020 Salzburg, Österreich
Internet	www.editionriedenburg.at
E-Mail	verlag@editionriedenburg.at
Lektorat	Dr. Caroline Oblasser, Salzburg
Bildnachweis	Übersichtskarte und Höhenprofile: © Dr. Julia Batzilla
	Fotos: © Gitta Kromer, © Heike Wolter, © Fabian Frizt (S. 47)
	Icons: © kartoxjm, © dikaya888, © notkoo2008 – Fotolia.com

Satz und Layout	edition riedenburg
Herstellung	Books on Demand GmbH, Norderstedt

ISBN 978-3-903085-90-9

Inhalt

Einleitung – Oder: Sind Sie Pfarrer?

Als Eltern mit fünf Kindern, Oma und Opa die Alpen zu überqueren, ist für die meisten Menschen ziemlich erstaunlich. Das merkten wir im Sommer 2017 an verstohlenen Blicken, an offen erstaunten Gesichtern und vor allem an einer wunderbaren Begegnung auf der Braunschweiger Hütte – ziemlich genau in der Mitte unserer Fernwanderung.

Es geht los! Startfoto in der Spielmannsau.

Zur Hütte waren wir – Thomas (40) und ich (Heike, 40), unsere Kinder Niklas (17), Norea (14), Samuel (9), Raban (7) und Malea (2), und Heikes Eltern Gitta (65) und Siegfried (64) – in einem dreieinhalbstündigen anstrengenden steilen Aufstieg hinaufgewandert. Und nun saßen wir erschöpft, aber glücklich in der Sonne. Jedenfalls trat ein Herr an unseren Bergterrassentisch, an dem wir uns gerade Kaiserschmarrn und Tiroler Gröstl schmecken ließen: „Ich habe mal eine merkwürdige Frage. Dürfte ich ein Foto von Ihnen machen?"

Wir waren etwas verwundert, aber natürlich dazu bereit. Die Erklärung ließ nicht lange auf sich warten. Er wollte seinen Jungs – ebenfalls im Teenageralter – einen Beweis schicken, dass andere Kinder so eine Bergtour mitmachen würden. Das Bild hätten wir auch gern gehabt, doch vergaßen wir danach zu fragen.

Sogar bei der zweiten Gelegenheit verpassten wir unsere Chance, denn Gitta und Siegfried trafen den Herrn und seine Frau am Nachmittag beim Aufstieg zum Pitztaler Jöchl nochmals. Da wurde dann noch ein bisschen mehr gefragt – und wohl auch unverhohlener, denn die beiden hatten schon eine Vermutung, wie man auf die Idee kommen könnte, in knapp zwei Wochen von Oberstdorf bis fast nach Meran zu laufen.

„Sagen Sie mal, Ihr Schwiegersohn, der ist doch bestimmt Pfarrer, oder?" Die vielen Kinder, der ungewöhnliche Urlaub – und hoffentlich die friedvolle Gelassenheit, die wir ausstrahlten – machten die Sache wohl klar.

Um es aufzulösen: Thomas ist Wirtschaftsingenieur, ich – Heike – bin Historikerin, und dass wir beide viele Kinder wollten, war von Anfang an klar. Das Wandern wurde mir in die Wiege gelegt. Als Kind und Teenager hätte ich geschworen, dass keine zehn Pferde mich mal freiwillig dazu kriegen würden, als Erwachsene kann ich es kaum erwarten loszuziehen.

Thomas macht alle Naturaktivitäten als Sportler spielend mit. Gitta und Siegfried waren schon auf fast allen Kontinenten dieser Erde wandern.

Niklas, Norea, Samuel, Raban und Malea? Laufen gern (oder lassen sich – wenn klein genug – gern durch schöne Landschaft tragen). Selbst die Teenager beschlossen nach getaner Alpenüberquerung, im folgenden Jahr – dann nach Schottland – wieder mitzukommen.

Darum dieser Familien-Wanderführer

Wanderführer zum E5 gibt es genug. Aber die meisten funktionieren für Familien mit Kindern nicht. Es braucht mit kleineren Füßen im Gepäck ein anderes Tempo, manchmal andere Wege und nicht zuletzt ein anderes Augenmerk auf Besonderheiten. Diese erhöhen die → Motivation für die Kinder und lassen sie die wunderbaren Berge auch wirklich genießen.

„Alpenüberquerung mit Kindern" heißt E5 mit Insidertipps für alle, die mit kleinen und größeren Menschen zwischen 0 und 18 Jahren unterwegs sind. (Für Oma und Opa gab es zwar kein extra Seniorenprogramm, aber fitte Senioren haben sicher Spaß an der Tour.)

Neben den Etappenvorschlägen gibt es deshalb Hinweise zur konkreten Vorbereitung (S. 10 bis 15) und Informationen für alle Gegebenheiten von A bis Z (S. 58 bis 71). Informationsangebote in Internet und Medien finden sich auf den Seiten 72 bis 73.

Das Buch gibt außerdem viele Tipps für alle, die sich momentan noch keine Alpenüberquerung im Ganzen vorstellen können. Nebenbei bemerkt: Das konnten wir vor ein paar Jahren auch nicht. Unser Ratschlag an euch: Beginnt doch ganz einfach mit Tagestouren, Zweitagestouren oder Unternehmungen mithilfe von Seilbahn, Bus und anderen Hilfsmitteln. Es geht schließlich um den Spaß und das Erlebnis als Familie, und nicht um das Brechen von Rekorden.

Hinweis zur zweiten Auflage

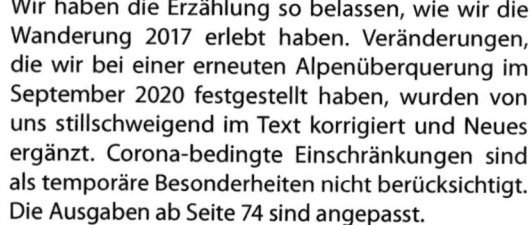
Wir haben die Erzählung so belassen, wie wir die Wanderung 2017 erlebt haben. Veränderungen, die wir bei einer erneuten Alpenüberquerung im September 2020 festgestellt haben, wurden von uns stillschweigend im Text korrigiert und Neues ergänzt. Corona-bedingte Einschränkungen sind als temporäre Besonderheiten nicht berücksichtigt. Die Ausgaben ab Seite 74 sind angepasst.

Name	Persönliche Highlights auf dem E5	Etappe
Aalea	• Mama und Papa • Meine Geschwister • Oma und Opa	5 8 3
Raban	• Materialseilbahn (zur Braunschweiger Hütte) • Ötzidorf (Archeoparc) • Knochenfund an der Braunschweiger Hütte	6 10 6
Samuel	• Fund des uralten Schlüssels (an der Braunschweiger Hütte) • Weißkarsee • Vernagter Stausee	6 7 10
Norea	• Gletscher (an der Braunschweiger Hütte) • Murmeltiere • Schnanner Klamm (2020 gesperrt)	7 3 4
Niklas	• Hängebrücke • Aufstieg zur Kemptner Hütte • Abstieg zum Vernagter Stausee	2 1 9
Heike	• Gegenwartkapelle auf dem Venet • Sonnenaufgang am Berggasthaus Hermine • Erinnerungsstein zwischen Martin-Busch-Hütte und Similaunpass	4 3 9
Thomas	• Aufstieg zum Flarschjoch • Bank unterhalb der Braunschweiger Hütte • Similaunpass	3 6 9
Gitta	• Grenze zwischen Deutschland und Österreich am Mädelejoch • Flarschjoch • Vom Wasser zerstörte Brücke zwischen Vent und Martin-Busch-Hütte	2 3 8
Siegfried	• Bergführer in Vent • Almenwanderung vom Venet nach Wenns • Erste Hüttenübernachtung	7 5 1

Vorbereitungen

Alpenüberquerung mit Kindern – geht denn das?

Als wir am ersten Tag beim Zugang zur Kemptner Hütte keuchend aufstiegen und dabei erschöpfte, nörgelige Kinder hinter uns herzogen, schauten die vorübergehenden Wanderer zweifelnd, mitleidig – und manchmal sah man fast, wie sie innerlich den Kopf schüttelten. Wie konnte man denn auf so eine Idee kommen? Mit fünf Kindern zwischen zwei und 17 nach Meran laufen.

Wenn wir ehrlich sind: Am ersten Abend beschlichen Thomas und mich kurz Zweifel. Es regnete in Strömen, die Hütte war ein Massenbetrieb, in dem wir kaum Platz beim Abendessen fanden, und die Kinder waren im Wortsinn stehend k.o.

Gleichzeitig erinnerten wir uns an unsere letzte Alpenüberquerung: 2012 waren wir auf der Via Claudia Augusta, einem Talweg mit zwei Passübergängen, von Füssen nach Meran gewandert. Auch da waren die ersten Tage sehr beschwerlich. Solange, bis wir uns sozusagen „eingewandert" hatten.

Und dieses Mal hielt gleich der erste Tag einen heftigen Anstieg bereit. Nie wieder in den folgenden neun Tagen wurde es so anstrengend, und an jedem anderen Tag war die Stimmung besser.

Fazit: Natürlich kann man mit Kindern die Alpen überqueren, so wie man viele andere Fernwanderungen mit Kindern schaffen kann. Aber natürlich braucht es hierfür auch eine ganz besondere Vorbereitung.

Und die kommt jetzt in chronologischer Reihenfolge.

E5: Vor- und Nachteile abwägen

Knapp ein Jahr vor der Wanderung begannen wir unsere Planungen. Wir erwogen verschiedene Fernwanderungen, entschieden uns schließlich aber für den E5.

Der Weg hat Vor- und Nachteile, die unsere Wahl beeinflussten. Wir wollen sie euch kurz vorstellen:

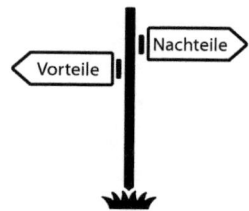

+ *Vorteile*	- *Nachteile*
• Weg nicht zu verfehlen	• stark frequentiert
• gute Infrastruktur (Unterkünfte, Verpflegung)	• hohes Preisniveau
• im → Notfall schnelle medizinische Hilfe	• Hüttenvorbuchungen zwingend nötig
• umfassende Wanderliteratur	• teilweise kein Handyempfang (für Ängstliche)
• An- und Abreise gut möglich (ÖPNV, Auto)	
• Klima	
• flexibler Beginn	
• geführte Wanderung möglich	

Alpenvereinsmitgliedschaft anmelden

Das wird jetzt ein flammendes Plädoyer. Von Menschen, die vor der Wanderung zwar nie mit dem Deutschen Alpenverein (DAV) zu tun, aber manchmal am Rande von ihm gehört hatten. Jetzt sind wir der Meinung: Ob sich nun unsere Alpenvereinsmitgliedschaft im engeren Sinne jährlich „rechnet", spielt keine Rolle.

Es ist unglaublich, was mit der unermüdlichen Kraft von so vielen Berg- und Wanderbegeisterten geschaffen wurde und wird. Weit mehr als eine Million Menschen sind allein in Deutschland in ihm organisiert und viele von ihnen investieren viele Stunden ehrenamtlicher Arbeit dafür, dass jedermann (und -frau) gut in den Bergen unterwegs sein kann. Ein österreichisches und italienisches Pendant gibt es natürlich auch.

Wer Lust hat, sich die Entwicklung des Alpenvereins näher anzuschauen, dem sei das Alpine Museum in München empfohlen, das auf informative und unterhaltende Art und Weise den Zauber der Berge, des Wanderns und des Vereins einzufangen vermag.

Um auf das Praktische zurückzukommen: Die Wege waren zumeist toll hergerichtet, die Markierungen machten das Zurechtfinden zum Kinderspiel, die Unterkünfte waren nicht nur praktisch, sondern auch einladend (jedenfalls die vom Alpenverein). Und der Alpenverein stellte sich als sehr familienfreundlich heraus.

Eine Mitgliedschaft ermöglicht eine vergünstigte Nutzung der Hütten für die Übernachtung und extra preiswerte „Bergsteigeressen" (auch für Wanderer) – aber darüber hinaus noch viel mehr: Versicherungsschutz, Bergsportkurse, geführte Touren, Kletteranlagen in vielen Städten und die Möglichkeit zum ehrenamtlichen Engagement. Nicht zu vergessen: Seitdem flattert alle zwei Monate das Magazin „Panorama" ins Haus und lässt uns mit einer tollen Mischung aus praktischen Ratschlägen, Erfahrungsberichten und Tourenempfehlungen schon vom nächsten Bergurlaub träumen.

Nach diesen grundlegenden Informationen stand uns nun die Qual der Wahl bevor. Wir konnten nämlich nicht einfach Mitglied im DAV werden, sondern mussten uns für eine Sektion entscheiden. Naheliegend erschien uns zuerst natürlich Regensburg, unsere Heimatstadt. Aber da jede Sektion andere Angebote und unterschiedliche Preise hat, machten wir uns zugegebenermaßen nochmals auf die Suche nach einer familienfreundlicheren Preisstruktur: Wir fanden sie in Isny im Allgäu und bleiben der Sektion natürlich auch nach unserer großen Wanderung treu.

Etappen festlegen

Die üblichen fünf oder sechs Etappen der klassischen E5-Wanderung von Oberstdorf nach Meran sind für Familien mit Kindern – es sei denn, diese sind schon im Teenageralter (und hängen womöglich ihre Eltern ab) – zu lang und schwer. Dies kann ein Vorteil sein, weil somit auch Quartiere auf dem stark frequentierten Wanderweg in Frage kommen, die kaum von anderen Wanderern angesteuert werden. Günstig ist auch, dass man durch die Beschaffenheit der „Normaletappen" eventuell zu dem Schluss kommt, Alternativrouten auszuprobieren, die dann nicht so sehr begangen sind.

Es gibt ausreichend Internetseiten mit Erfahrungsberichten und Empfehlungen zum E5 (→ Internet), die Varianten, Zwischenziele und Hütten entlang des Weges beschreiben. Auch die handelsüblichen Wanderführer (→ Literatur) geben bei Bedarf Auskunft.

Unsere eigene, hier geschilderte Streckenführung möchten wir uneingeschränkt empfehlen. Mit einem Wanderbeginn am Donnerstag entgingen wir dem vielfach geschilderten Wochenendwahnsinn auf der Kemptner Hütte, mit einer alternativen Streckenführung zwischen Bach und Landeck-Zams über die Ansbacher Hütte vermieden wir den schwierigen Abstieg von der Memminger Hütte.

Übernachtungen organisieren

Noch immer gibt es recht viele E5-Wanderer, die auf gut Glück losziehen und abends hoffen, dass in der angepeilten Hütte noch ein Bett, eine Matratze oder ein Notlager frei ist. Bis auf wenige Ausnahmen ist zumindest Letzteres immer gegeben. Aber mit fünf Kindern im 30-Mann-Lager oder womöglich im Gastraum auf dem Boden schlafen? Das würden wir nicht empfehlen.

Als wir schon im Spätsommer des Vorjahres mit der Planung loslegten, merkten wir schnell: Das ist für das Organisieren von Übernachtungen noch viel zu früh. Kein Hüttenwirt beschäftigt sich bereits im Frühherbst mit der → Saison des nächsten Jahres. Dafür gibt es viel zu viel zu tun.

Um den Jahreswechsel herum änderte sich das schlagartig: Für manche Hütten wurde die Onlinebuchung freigeschalten, für andere Unterkünfte konnte man sich nun beim Pächter oder Besitzer melden. Die Kommunikation war immer sehr nett, manchmal aber recht kurz angebunden.

Unsere Anforderungen hießen: am liebsten Mehrbettzimmer (bevorzugt zwei à vier/fünf Personen), notfalls Lager (am besten ein kleines). Die Überlegungen waren geprägt von dem Wunsch, abends zusammenzusitzen, selbst wenn in einem Zimmer schon Kind(er) schliefen, möglichst andere Gäste so wenig wie möglich zu stören und ein Minimum an Privatsphäre (gerade für die Teenager) zu schaffen.

Hinsichtlich der Auswahl und Ausstattung der Hütten nahmen wir einfach, was da auf dem Weg kam. Bis auf eine Ausnahme: Die E5-Variante über die Ansbacher Hütte suchten wir aus, weil uns die Unterkunft und der Weg als familienfreundlich beschrieben wurden. Beides stellte sich als goldrichtig heraus.

Auf dem Weg trafen wir immer wieder auch auf Wandergruppen, die grundsätzlich im Tal nächtigten - wie wir in Wenns und Vent. Größere Auswahl und Komfort standen höherem Preis und Auf- und Abstieg gegenüber. Wir beließen es bei zwei Nächten, die grundsätzliche Möglichkeit für Hotel / Pension besteht fast immer.

Checkliste: Übernachtungen buchen

- ✓ Quartiere auswählen (siehe Empfehlungen zu den Etappen und das Kapitel „Internet")
- ✓ Hütten und andere Quartiere frühzeitig buchen (vor Saisonbeginn, nicht vor dem Jahreswechsel)
- ✓ Familienkonstellation beschreiben (Die Wirte achten dann meist selbst auf passende Möglichkeiten.)
- ✓ Übernachtungswunsch (Zimmer, Lager) angeben
- ✓ (teilweise) Verpflegungswunsch mitteilen

Ausstattung besorgen

In der → Packliste am Ende des Buches sind alle Dinge aufgelistet, die wir mitnahmen und für sinnvoll halten. Jene Ausrüstungsgegenstände, die wir für verzichtbar halten, haben wir dort auch notiert. Die Liste zeigt, dass es nicht viele Dinge gibt, die man (neu) anschaffen muss, aber einige sollten wirklich von guter Qualität sein. Das sind:

- Wanderschuhe

- Rucksäcke

- bei Bedarf Trage (→ Tragen)

Hierbei zu sparen kann die ganze Wanderung behindern oder gar zum Abbruch bringen.

Gleiches gilt für Regenjacken, die wir auch im Alltag nutzen und daher nicht extra angeschafft haben. Komfortabel fanden wir die abzippbaren Wanderhosen, die so für jede → Wetterlage tauglich waren. Sie sind kein Muss. Gleiches gilt für die Wanderstöcke. Atmungsaktive Funktionsshirts und spezielle Wanderhandtücher müssen nicht sein, sie nehmen allerdings den Schweißgeruch nicht so auf, lassen sich klein verpacken, gut waschen und schnell trocknen.

Dünne Hüttenschlafsäcke sind in allen Hütten vorgeschrieben. Wir empfehlen, sie vorab zu kaufen. Auf den meisten Hütten konnte man sie auch käuflich erwerben.

Checkliste: Ausstattung

✓ Rucksäcke (maximal 10 Prozent [Kinder] bis 20 Prozent [Erwachsene] des Körpergewichts)
✓ Wanderschuhe
✓ Tragetuch / Kindertrage
✓ nach eigenem Bedarf ergänzen (Abwägen: Komfort vs. Zusatzgewicht)

Wandern will gelernt sein. Natürlich: Jeder von uns kann laufen. Aber wir sind in unserem Alltag gar nicht mehr gewohnt, viele Tage hintereinander lange Strecken zu Fuß zurückzulegen. Und noch dazu bergauf.

Wandern bedeutet aber auch, sich auf vielerlei einzulassen:

- Die Kleinste musste akzeptieren, in der Trage getragen zu werden mit „Auslauf" alle ein bis zwei Stunden, in der Mittagspause und am Ende des Wandertages. Wir machten ihr ihren „Thron" mit Sonnenbrille, Fernglas und Kuschelkissen schmackhaft.

- Die Mittleren brauchten Durchhaltevermögen und den Willen, ihr eigenes kleines „Schneckenhaus" (also ihren Rucksack mit den eigenen Sachen) zu tragen. Unterwegsspiele, Kinderkamera und „Zwergenschätze" sowie „Römermünzen" sorgten für die nötige → Motivation.

- Die Großen gaben zumindest befristet auf, was heutzutage ganz wesentlicher Alltag ist: mit Freunden kommunizieren, am Handy spielen, im Internet surfen... vor allem aber Privatsphäre. Hier zahlten sich jene Wandererfahrung und -freude aus, die bereits im Laufe der Jahre entstanden waren. Für Niklas kam hinzu, dass er die Wanderung auf Facebook und Instagram dokumentierte.

- Wir Erwachsenen testeten, ob wir die Kleinste und das nötige Gepäck für alle tragen könnten. Das erwies sich als machbar, aber uns war klar, dass wir wirklich jedes Gepäckstück genau überdenken müssten und uns nicht mit Unnötigem belasten durften.

Was bedeutet nun aber „Wandern üben"?

- Vor dem E5 unternahmen wir immer wieder einmal kleinere Tagestouren – im Bayerischen Wald und in den Alpen. Einmal probten wir sogar eine Zweitageswanderung inklusive Hüttenübernachtung (etwa 800 Höhenmeter rauf und wieder runter), um die Kinder mit den Abläufen auf den Alpenvereinshütten bekannt zu machen. Das Staufnerhaus bei Oberstaufen bot dafür beste Bedingungen, denn es war mit öffentlichen Verkehrsmitteln gut zu erreichen, anspruchsvoll, aber nicht zu schwierig und mit einer tollen Hütte versehen.

Etappe 1: Von der Spielmannsau zur Kemptner Hütte

Die, bei der aller Anfang schwer ist

Wie hingemalt: die Spielmannsau.

Ausgangspunkt: Spielmannsau, Oberstdorf (986 Meter)
Ziel: Kemptner Hütte (1844 Meter)
Stationen: Übergang über den Sperrbach – Sperrbachtobel
Streckenlänge: 6,2 Kilometer
Dauer: 3:40 Stunden, davon 20 Minuten Pausen (3)
Schwierigkeitsgrad: schwer
Spiel des Tages: „Ein Hut, ein Stock, ein alter Mann ..."
Abstecher des Tages: Marterl am Knie (Wir verpassten es leider.)

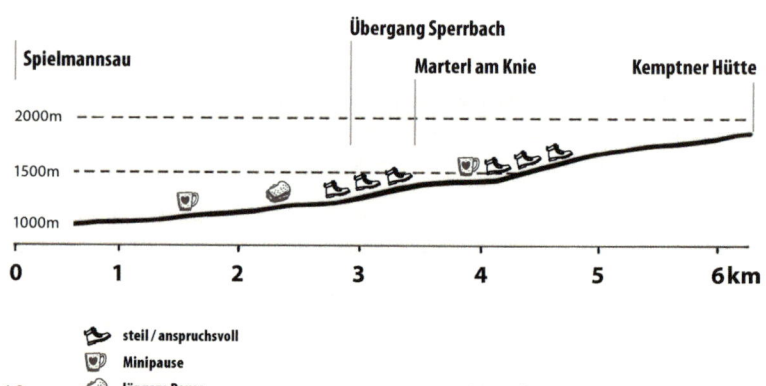

     Alpenüberquerung mit Kindern

Unsere Wanderreise begann mit einer gemütlichen Zugfahrt – zuerst bis Kempten, wo sich herausstellte, dass die vor uns liegende Strecke gesperrt war. Kein angenehmer Gedanke angesichts der Warnung, 18.30 Uhr solle man in der Hütte sein, damit das Bett nicht vergeben werde. Aber in der Rekordzeit von 30 Minuten präsentierte die Deutsche Bahn eine Lösung, entkoppelte zwei Zugteile und konnte damit eine von zwei Teilstrecken – unsere nämlich – bedienen.

Wir schafften mit Rennen also sogar noch den von uns glücklicherweise vorgebuchten Bergsteigerbus vom Bahnhof Oberstdorf zur Spielmannsau. Warum glücklicherweise? Wir hatten vorab gelesen, es sei sinnvoll, Gruppen anzumelden. Und während ich noch nachdachte, ob wir als Gruppe durchgehen, rief ich schon mal das Busunternehmen an. Goldrichtig, denn der Bus hatte planmäßig 16 Plätze und wir gedachten acht zu blockieren.

Es waren dreißig Grad im Schatten und wir schwitzten in dem kleinen, überfüllten Bergsteigerbus – gemeinsam mit dem lustigsten und wandererfahrensten Busfahrer, den wir je getroffen hatten. Er versorgte alle Wanderer mit wichtigen Tipps zum ersten Aufstieg.

Der begann gemütlich, allerdings nur für etwa zwei Kilometer. Trotzdem war der Antritt für Samuel und besonders Raban nicht ganz einfach. Und so spielten wir beim Gehen: „Ein Hut, ein Stock, ein alter Mann – vor, zurück, zur Seite, ran." Das verlangsamte zwar das Ganze, trug uns aber so weit, bis die Beine ihren Rhythmus gefunden hatten.

Anleitung zum Nachspielen

„Und eins – und zwei – und drei – und vier – und fünf – und sechs – und sieben – und acht – ein Hut – ein Stock – ein alter Mann – vor – zurück – zur Seite – ran." Ihr könnt nebeneinander gehen und mindestens einer spricht laut, deutlich und im immer gleichen Rhythmus den Text. Ihr beginnt mit dem rechten Fuß – die zusammenstehenden Wörter sind zwei Schritte. Nach „ein alter Mann" bleibt ihr mit beiden Füßen nebeneinander stehen und macht nun im Stand Folgendes: Bei „vor" rechtes Bein mit kleinem Tip nach vorn und bei „zurück" das Bein nach hinten mit kleinem Tip. Bei „zur Seite" rechts neben euch ein Tip und bei „ran" stellt ihr euren rechten Fuß wieder zum linken. Dann beginnt das Spiel wieder von vorne.

Nach der flachen Strecke ging es wirklich steil bergauf, und zwar ganze drei Stunden lang. Das hört sich nicht viel an, aber für den Anfang, noch uneingewandert, war es richtig herausfordernd. Außer für Niklas, der mit seinen 17 Jahren scheinbar mühelos voranlief.

Wir anderen konnten die Pausen kaum erwarten und so kam es, dass wir den besten Pausenpunkt ausließen: Weil wir uns aus Unkenntnis zehn Minuten zuvor an den Rand des Weges gedrängt hatten, um niemandem im Weg zu sein, aber trotzdem zu rasten.

Der Übergang über den Sperrbach wäre dieser beste Pausenpunkt gewesen. Der Bach lud zum Kühlen, Rucksäcke absetzen und Spielen ein. Man hätte wunderbare Steinmandl bauen und dabei die Sonne genießen können.

Eine zweite Pausen-Möglichkeit stellte das „Marterl am Knie" dar, das kurz hinter dem Steg ausgeschildert war und Teil eines längeren Pilgerweges ist. Diese kleine pittoreske Kapelle soll an den großen Brand von Oberstdorf erinnern. Aber in Anbetracht der Zeit trauten wir uns nicht, den Aufstieg weiter zu verzögern, und hielten weder am Bach an, noch besuchten wir das Marterl.

Das war auch gut so, denn die zweite Hälfte des Aufstiegs war zwar spannender, aber anstrengend und sie dauerte ihre Zeit. Die letzten 90 Höhenmeter beflügelte uns der Anblick der Kemptner Hütte dann, die man schon auf dem Bergrücken thronen sehen konnte.

In der Hütte empfing uns eine Rezeption, deren Mitarbeiter nach einem perfekten System arbeiteten, um in der Hochsaison täglich um die 250 Wanderer in 2 bis 3 Stunden einzuchecken, sie anschließend mit warmem Essen zu versorgen und am nächsten Morgen in zwei Stunden wanderbereit zu bekommen. Zwei junge Damen wiesen uns ein Mehrbettzimmer statt des geplanten Lagers zu, was natürlich sehr willkommen war.

Die Masse an Menschen ist eine Herausforderung, der sich die Hütte bei der Sanierung (bis 2021) stellt: keine Duschen mehr, dafür großzügige Waschräume und luftige Lager. Auf WLAN wird im Sinne des Hüttencharakters verzichtet, ebenso ist die Nutzung der Steckdosen (im Gastraum) kostenpflichtig.

Das Essen war gut, der Schlafplatz gemütlich und der Ausblick grandios. Wir waren so stolz, die erste Etappe geschafft zu haben, dass uns sowieso fast alles egal gewesen wäre.

Berge, wir kommen!

Alpenüberquerung mit Kindern

Praktische Tipps für die erste Etappe

- Übernachtet in Oberstdorf – unser Tipp ist das familienfreundliche Mountain Hostel in der Spielmannsau (mit gutem Essen). Oder nehmt einen Zug, der regulär bis mittags ankommt. Dann können euch auch böse Überraschungen nicht aus dem Takt bringen.

- Solltet ihr früh im Ort sein, könnt ihr mit älteren Kindern überlegen, euch von Oberstdorf Bahnhof bis Spielmannsau im relativ flachen Gelände „einzuwandern". Dann kämen zu unserer Streckeninformation noch etwas mehr als 7 Kilometer und 233 Höhenmeter dazu.

- Meldet eure Familie beim örtlichen Busunternehmen (2017: Brutscher-Reisen, 08322 / 48 11, → Internet) für die Bergsteigerlinie an.

- Füllt beim Aussteigen aus dem Bus in der Spielmannsau eure → Wasserflaschen oder -säcke nochmal randvoll, danach gibt es kaum Möglichkeiten.

- Denkt daran, ein Startfoto zu machen. Bei schönem Wetter liegt vor euch ein Traumpanorama mit den Felsformationen der Trettach und des Kratzers am Ende des Tales.

- Achtet darauf, vor Übermut nicht zu schnell loszulaufen. Nur etwas mehr als zwei Kilometern ist die flache Einwanderstrecke lang, dann geht es steil bergauf.

- Die Strecke ist in der Feriensaison stark begangen. Da sie an den meisten Stellen nicht sehr breit ist, sollten Pausenplätze umsichtig ausgesucht werden, um schnellere Wanderer (also fast alle) nicht zu behindern. Am geeignetsten war die Stelle, bei der wir ungefähr nach der Hälfte der Strecke (Länge) den Sperrbach überquerten.

Tagestour

Von der Spielmannsau ist die Kemptner Hütte (und zurück) auch mit Kindern als Tagestour gut machbar. In diesem Fall müsst ihr zeitig aufbrechen, ab 7.45 Uhr fahren die Linienbusse. Bis mittags steigt ihr auf, nach einer ausgiebigen Pause wieder ab. Als Zweitagestour könnt ihr gemütlich oben übernachten und Bergluft schnuppern, bei gutem Wetter auch auf der herrlichen Terrasse.

Notizen

Etappe 2: Von der Kemptner Hütte nach Madau

Die, bei der wir Grenzen überwinden

Überwindung – die längste Hängebrücke Österreichs

Ausgangspunkt: Kemptner Hütte (1844 Meter)
Ziel: Berggasthaus Hermine in Madau (1308 Meter)
Stationen: Mädelejoch – Hängebrücke bei Holzgau – Holzgau (Lüftlmalerei) – Bach – Kreuzweg – Bergfriedhof – Madauer Höhenweg / Madauer Erlebnisweg
Streckenlänge: 7,9 Kilometer + 7,2 Kilometer = 15,1 Kilometer
Dauer: vormittags 4:00 Stunden, davon 30 Minuten Pausen (2) / 1:30 Stunden Mittagspause (inklusive Busfahrt und Eisessen) / nachmittags 2:30 Stunden, davon 10 Minuten Pause (1)
Schwierigkeitsgrad: mittel
Spiel des Tages: „Alle Kinder …"-Witze
Abstecher des Tages: Kreuzweg hinter Bach oder Madauer Erlebnisweg

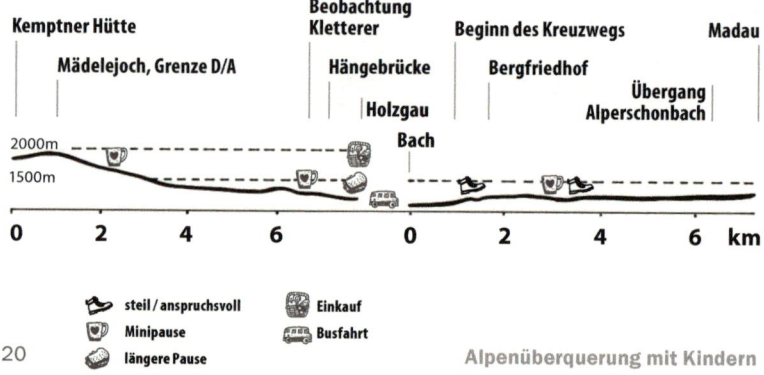

Alpenüberquerung mit Kindern

6 Uhr morgens – Aufstehen. Unsere Teenager bemerkten den eigentlichen Haken an solch einer Wandertour schlagartig, als klar wurde, dass Wanderhütten üblicherweise radikal zu acht Uhr geleert werden. Das hieß Aufstehen zu früher Stunde. Im Falle der Kemptner Hütte ohne warmes Wasser. Und es tat gut, diesen „Mangel" überhaupt zu bemerken. Wie vieles, was man zu Hause als selbstverständlichen Komfort hinnimmt.

Das Frühstück blieb uns als gut, aber preisintensiv in Erinnerung. So gestärkt nahmen wir um 8 Uhr unsere Rucksäcke und zogen los gen deutsch-österreichische Grenze. Dort gab es einen Pflichtf phototermin am verwitterten Grenzpfahl, aber vor allem drängte sich das schöne Gefühl auf, unendlich frei zu sein. Großeltern und Eltern kannten noch ein Europa dichter, in unserem Fall sogar undurchlässiger Grenzen – hier standen wir mit den Kindern mit einem Bein in Deutschland, mit dem anderen in Österreich. Nach Italien würde es wieder so sein, aber das war noch Zukunftsmusik.

Wir erklommen also von der Hütte in einem gemächlichen Anstieg das Mädelejoch, dessen Namen die Kinder grinsen ließ. Unterwegs gab es erste Steinmandl – von Wanderern aufgeschichtete Steinhaufen – zu bestaunen. Die Kleinste hätte am liebsten auf jeden ihr eigenes Steinchen dazugelegt.

Der anschließende Abstieg machte klar: Runtergehen ist nicht zwangsläufig einfacher als hochsteigen. Es war durch den Regenguss des vorherigen Abends noch ein wenig matschig und wir schauten daher nicht nur durch die wunderschöne Gegend, sondern auch genau auf unsere Füße. Auf halber Strecke zwischen Joch und Tal tauchte linkerhand die perfekte Pausenwiese auf und lud uns zum Spielen, Balancieren auf Holzstämmen und Insektenkunde ein.

Die nächste Teilstrecke lief sich weg wie nichts: Bald die längste Hängebrücke Österreichs zu betreten, ließ die Kinder laufen wie die Wiesel. An einem kleinen Café mussten wir uns zwischen Tal- und Bergweg hin zur Brücke entscheiden und dann galt es die letzte halbe Stunde vor dem grandiosen Blick auf die Höhenbachschlucht zu bewältigen. Dabei half die Pause am Wegesrand, die den Blick auf mehrere Seilschaften an einer Felswand freigab, die auf der anderen Seite der Schlucht kletterten. Wir schauten minutenlang fasziniert zu, wie sie senkrecht nach oben stiegen und hangelten.

Und dann kam er, der schwankende Brückenübergang in 110 Metern Höhe mit 200 Metern Länge. Während der Rest der Familie begeistert über die Brücke wackelte, nach oben, zur Seite und nach unten schaute, und Gitta alles und alle fotografierte, hielt sich Heike eisern an den Stahlseilen fest, den Blick starr geradeaus gerichtet.

Endlich, die imposante Schlucht war überwunden! Doch auch der Weg ohne Brücke am imposanten Wasserfall entlang war sehenswert und ist eine (schnellere) Alternative.

Zur Mittagszeit landeten wir schließlich in Holzgau. Der jede Stunde fahrende Bus sollte erst in 30 Minuten kommen und so blieb Zeit für einen Besuch im Supermarkt. Dass sich jeder ein Getränk seiner Wahl aussuchen durfte und frische Wiener Würstchen, Brötchen und Pfirsiche zu haben waren, sorgte für beste Stimmung, als wir an die Hauswand gelehnt auf der Straße in der Sonne saßen.

Der Bus brachte uns dann nach Bach, von dort aus ging es zu Fuß weiter Richtung Madau. Auch ein Linientaxi wäre möglich gewesen, aber das wollten wir nicht nehmen, sondern das Alperschontal zu Fuß erkunden.

Zwei Wegvarianten standen zu Auswahl: Links des Flusses ein schmaler, bei Schlechtwetter zu meidender Weg. Rechts des Flusses die Straße (und davon abgehend zweimal kleinere Varianten). Aus Zeit- und Erschöpfungsgründen wählten wir die wenig befahrene Straße. Am Anfang ging es recht flach ins Tal hinein, dann steiler durch einen Wald hinauf. Dort ging links einmal steil ein Kreuzweg ab. Die Kinder begnügten sich mit einer Unterhaltung darüber, was ein Kreuzweg sei und verzichteten darauf, ihn ganz entlangzugehen. Wir trafen daher erst an Station 12 wieder auf den Weg, als dieser unmittelbar neben der Straße an einem kleinen Bergfriedhof endete.

Der lange Anstieg strengte die Kinder ganz schön an, und irgendwann wollte auch die Kleinste nicht mehr sitzen. In gemächlichem → Tempo ließen wir daher das Nesthäkchen eine Weile laufen und spielten „Alle Kinder ..." mit den Namen aller Familienmitglieder. Es kamen solch lustige Kreationen heraus wie: „Alle Kinder lieben Google, außer Gitta, die liebt Twitta." Sie vertrieben nicht nur die Zeit, sondern erzählten uns auch viel darüber, wie die Kinder die Welt wahrnahmen. Und das, obwohl Oma gar nicht twittert.

Anleitung zum Nachspielen

Bei diesem uralten Spiel, das wir Eltern schon aus unserer Kindheit kennen, geht es darum, sich „böse" (oder auch nette) Witze auszudenken, die alle nach folgendem Beispiel funktionieren: „Alle Kinder tun / lieben XXX, außer *Name*, die/der tut/liebt YYY." Fiese Sprüche wie „Alle Kinder stehen um das brennende Haus, nur nicht Klaus, der guckt raus." sind Klassiker. Eigenkreationen müssen nicht unbedingt so makaber sein, sondern können auch liebevoll Eigenschaften oder Besonderheiten auf den Arm nehmen. Oder aber sie werden schlicht nach Reimpotenzial gewählt.

Bald trennte sich unsere Wanderroute nun vom E5-Hauptweg, der zur Memminger Hütte führen sollte. Wir hatten uns schon bei der Planung gegen diese Normalroute entschieden – einerseits wegen der Aussicht auf ein nächstes Massenquartier und andererseits, weil wir gehört hatten, der Abstieg von dort nach Zams sei mit Kindern sehr schwierig.

Bezeichnend fanden wir ein kleines Schild am Wegesrand, das Wanderer darüber informierte, dass es ab hier bis nach Zams auf der anderen Seite der Bergkette keinen Handyempfang mehr gäbe. Es war einerseits wichtige Information für Navigation und Information, aber andererseits auch entlarvend, wie selbstverständlich wir heutzutage davon ausgehen, immer und überall erreichbar zu sein und uns mitteilen zu können.

Nach einigen Kilometern erreichten wir den leider gesperrten Madauer Erlebnisweg. Mit nur 30 Minuten Umweg hätten wir hier einen urwüchsigen Weg in Flussnähe nehmen können, auf dem einen wunderbar geschnitzte Holzskulpturen begleiten sollten. So beließen wir es bei jenen Kunstwerken, die direkt von der Straße zu sehen waren, und stapften weiter Richtung Berggasthof.

Nach einer Weile war es so weit: Flussüberquerung, steile Kurve, noch eine steile Kurve und dann standen wir am Berggasthaus Hermine. Ungefähr 100 Meter vor dem Anwesen kreuzten wir einen kleinen Bach. Samuel und Raban, zuvor noch kaum zu einem weiteren Schritt zu → motivieren, wachten schlagartig auf. Hier wollten sie am liebsten sofort spielen, wir vertrösteten sie noch etwas.

Das Berggasthaus war eine besondere Mischung aus Hütte (Zimmer oder Lager möglich) und Pension. Wir hatten zwei Vierbettzimmer gemietet, die Stockbetten luden zum Verschnaufen ein. Davor duschten wir – immer im Blick, dass auch hier warmes Wasser ein kostbares Gut für alle darstellte. Und wir wuschen unsere Wäsche. Ein Vorgang, der uns zur täglichen Gewohnheit wurde.

Danach ging es also zurück zum Bach, nicht ohne der davorliegenden Kapelle einen Besuch abzustatten. Sie wurde 1679 erbaut und ist bis heute ein richtiges Kleinod. Das Geld dafür hatte, so erfuhren wir, Oswald Singer gestiftet, der mit dem Bau an seinen bei einem Lawinenabgang verunglückten Sohn erinnern wollte. Während wir noch ein wenig über diese traurige Geschichte nachsannen, zogen uns die Kinder ins Freie und zum Bächlein, an dem wir herrliche Staudämme bauten, Steinchen ins Wasser warfen und die Füße kühlten.

Hinein nach Österreich: Abstieg vom Städelejoch

- Macht ein Foto am „Grenzübergang" zwischen Deutschland und Österreich. Die Aussicht ist wunderbar, es ist ein Meilenstein der Wanderung (Übergang über die erste Bergkette) und es wird sich bei der Vielzahl der Wanderer immer jemand finden, der ein Bild von der gesamten Gruppe schießt.

- Beachtet, dass der Supermarkt in Holzgau (Markt) über Mittag geöffnet hat, die beiden in Bach aber nicht. Erst ab 14 Uhr ist dort wieder offen.

- Informiert euch vorab über die Busfahrzeiten. Der Bus von Holzgau nach Bach wird vom Verkehrsverbund Tirol (→ Internet) betrieben. Die Fahrt dauert weniger als 10 Minuten.

- Im Berggasthaus Hermine gibt es keine Sonderkonditionen für Alpenvereinsmitglieder, da es keine Hütte im eigentlichen Sinne ist. Die Ausstattung ist komfortabler als in Berghütten: So gab es Wäscheleine, Wäscheständer, Handtücher und Kühlschrank.

Tagestour

Holzgau ist per Bus von Reutte aus oder mit dem Auto gut zu erreichen. Dort könntet ihr eine kleinere Runde (4,5 Kilometer) zur längsten Hängebrücke Österreichs wählen. Ihr könnt zwei verschiedene Wege nehmen, so dass es hin und zurück abwechslungsreicher ist. Oder ihr fahrt nach Bach, lauft von dort nach Madau (Achtung, Essen nur für Schlafgäste!) und zurück. Am Anfang steht die Entscheidung zwischen den beiden Flussseiten, auf der rechten könnt ihr später Kreuzweg und Erlebnisweg begehen. Der Hin- und Rückweg beträgt etwa 14 Kilometer, mit einer Übernachtung in Madau ist auch eine Zweitagestour lohnenswert.

Notizen

Etappe 3: Von Madau zur Ansbacher Hütte

Die, bei der wir pfeifenden Murmeltieren,
Winnetou und dem Schäfer begegnen

Am Flarschjoch: klein vor gewaltiger Kulisse

Ausgangspunkt: Berggasthaus Hermine (1308 Meter)
Ziel: Ansbacher Hütte (2376 Meter)
Stationen: Hintere Alperschonalpe – Klamm – Talende Alperschontal –
Hochebene – Flarschjoch
Streckenlänge: 12,8 Kilometer
Dauer: vormittags 4:00 Stunden, davon 50 Minuten Pausen (3) / 1:00 Stunde
Mittagspause / nachmittags 4:00 Stunden, davon 40 Minuten Pausen (2)
Schwierigkeitsgrad: schwer
Spiel des Tages: Felsentiere entdecken
Absteiger des Tages: kreuz und quer durch die Hochebene – wie Winnetou

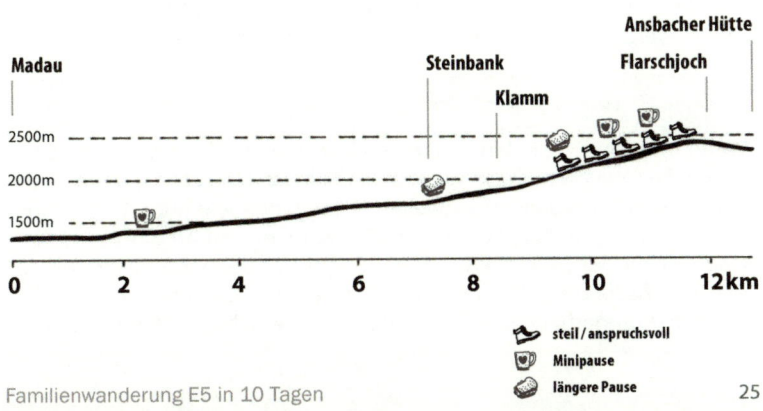

Der Aufstieg zur Ansbacher Hütte war rückblickend betrachtet die schönste Etappe. Sie war zwar lang und anstrengend, aber sie war auch menschenleer und atemberaubend schön. Abgesehen vom ersten Teil ab Berggasthaus bis über den Fluss und das letzte Stück nach dem Flarschjoch geht die Strecke stetig bergauf. Anfangs flacher, später steil.

Wir liefen also in waldiger Gegend in das Alperschontal hinein, zunächst bis zur Hinteren Alperschonalpe, einer unbewirtschafteten Hütte. Gleich dahinter lud eine Steinbank am Fluss zum Spielen und Rasten ein. Danach ging es deutlich steiler weiter, bald durchquerten wir eine kleine Klamm. Während der Fluss vorher ziemlich schnell gewesen war, zeigte er sich nun als liebliches Flüsschen und der Blick öffnete sich in eine Talebene. Am Ende des Tals verzweigte sich der Weg. Wir hielten uns links, auf drei verschlossene Hütten zu, von denen wir uns eine als Mittagsplatz aussuchten.

Die Stärkung dort würden wir euch auch empfehlen, denn der folgende Anstieg hat es wirklich in sich. Wenn ihr, so wie wir, Glück habt, könnt ihr bereits im Tal oder auf der Hochebene Murmeltiere hören und sogar sehen. Sie fühlen sich in diesem abgeschiedenen Teil offenbar sehr wohl und schauten uns neugierig zu.

Die Hochebene begeisterte uns alle. Wir fühlten uns an alte Winnetou-Filme erinnert. Überall waren größere und kleinere Felsbrocken verstreut, als hätten Riesen mit übergroßen Murmeln gespielt.

Samuel präsentierte sich auf jedem dritten Stein als „Denkmal" in lustigen Posen. Die Jungs spielten Anschleichen und Verstecken. Malea probierte, ob ihr viel zu lange Wanderstöcke von Oma und Opa helfen könnten. Wir lagen im Gras, schauten in den Himmel und auf die umliegenden Berge. Es war so leise, wie es mit neun Personen nur sein konnte, und so beeindruckend, dass wir uns ganz klein vorkamen.

Bald entdeckten die Kinder die ersten Felsformationen: Felsen, die an Tiere oder anderes erinnerten. Wir sahen einen Orca, einen Hai, eine Ziege, einen Stier und einen Dampfer. Und wir sind sicher, wenn ihr dort vorbeikommt, werdet auch ihr diese und andere Gestalten entdecken.

Anleitung zum Nachspielen

Wenn man eine Weile hinschaut, entdeckt man im Gebirge sonderbare Dinge: Felsenwesen. Diese versteckten Silhouetten seht ihr am besten, wenn ihr eure Gedanken schweifen lasst, genau wie euer Auge. Dann bemerkt ihr schnell, dass die schroffen Bergketten und Berghänge oft Überraschendes bereithalten: Tiere, Gegenstände, Gebäude, Verkehrsmittel, … Besonders schön ist es, sich davon zu erzählen. Gleiches geht übrigens wunderbar mit Wolken, sofern denn welche am Himmel sind.

Für den Rest des Anstiegs sahen wir das höchste Ziel des Tages schon vor uns: das Flarschjoch auf stolzen 2430 Metern Höhe. Im engen Durchgang, der Lechtal von Inntal (eigentlich dort noch Stanzer Tal), grauen Fels von grüner Wiese und Anstieg von Abstieg trennte, machten wir viele → Fotos und feierten unsere Ausdauer.

Kurz darauf begegnete uns ein Schäfer. Wir kamen ein wenig ins Plaudern über seine Arbeit, die Schafe und das Leben in den Bergen überhaupt. Durch sein Beispiel gestärkt – hoch zum Joch und wieder herunter an einem Tag – schafften wir spielend die letzte halbe Stunde zur Ansbacher Hütte.

Damit war der Tag noch nicht zu Ende: Auf die schönste Wanderung folgte die beste Hütte. Nicht wegen der (guten) Ausstattung oder der wunderbaren Lage hoch über dem Stanzer Tal, sondern wegen der Hüttenwirte. Markus, seine Frau, die Schwiegereltern und vier kleine Töchter sorgten dafür, dass wir uns gleich zuhause fühlten. Wir merkten einfach, dass ihnen aus eigener Erfahrung bewusst war, worin sich eine „normale" Alpenüberquerung von einer mit fünf Kindern zwischen zwei und 17 unterschied.

Bald saßen die Mittleren beim Uno-Spiel, die Großen chillten in ihren Betten und die Kleinste tollte über den kleinen Hüttenspielplatz.

Wir richteten uns in zwei gemütlichen Mehrbettzimmern unterm Dach ein und taten das Übliche: Duschen im Schnelldurchlauf (1€/Minute) und Wäsche waschen. Das anschließende Abendessen ließ keine Wünsche offen. So gestärkt hatten sogar wir noch Kraft für ein Kartenspiel.

Seht ihr Orca und Hai – oder etwas ganz anderes?

Praktische Tipps für die dritte Etappe

- Macht eine Pause an der großen Steinbank am Fluss in der Nähe der Hinteren Alperschonalpe.
- Rastet mittags an einem der drei kleinen Hüttchen, die dort einladen, wo der Weg den Flusslauf verlässt.
- Hört auf das Pfeifen der Murmeltiere, die sich gegenseitig vor euch „warnen".
- Liegt auf der Hochebene und ratet Tierfiguren in den Felsen.
- Probiert in der „Kuhle" unterhalb des Flarscher Jochs unbedingt das Echo aus.
- Wir empfehlen in der Ansbacher Hütte die Halbpension, denn Abendmenü und Frühstück sind von sehr guter Qualität und mit Liebe gemacht. Vielleicht wollt ihr die Kinder à la carte aussuchen lassen, abhängig von der Tagesplanung des Menüs.

Tagestour

Wollt ihr nur die Annehmlichkeiten der Ansbacher Hütte genießen, wählt das Stanzer Tal als Ausgangspunkt. Von Flirsch oder Schnann aus lässt sich die Hütte gut erlaufen, sogar als Halbtageswanderung. Nachmittags oder abends geht es dann zurück. Beide Orte sind über Busse gut erschlossen. Wenn ihr Lust, Kraft und Zeit habt, verweilt in der Schnanner Klamm, bei der Fritzhütte oder macht einen Abstecher hinauf zum Flarschjoch.

Notizen

Etappe 4: Von der Ansbacher Hütte zur Venetgipfelhütte

Die, bei der wir uns ausruhen und trotzdem sprinten

Heike mit den Fünfen beim Abstieg von der Ansbacher Hütte

Ausgangspunkt: Ansbacher Hütte (2376 Meter)
Ziel: Schnann (1290 Meter), Busfahrt und Bergfahrt zur Venetgipfelhütte (2212 Meter)
Stationen: Fritzhütte – Schnanner Klamm – Schnann – Bahnhof Landeck-Zams – Venetbergbahn
Streckenlänge: 4,8 Kilometer
Dauer: vormittags 3:30 Stunden, davon 30 Minuten Pause (1) / 1:00 Stunde Mittagspause / 30 Minuten Wartezeit und Auffahrt zur Venetgipfelhütte
Schwierigkeitsgrad: mittel
Spiel des Tages: absurde, lustige, noch nie gestellte Fragen
Abstecher des Tages: Teich der Fritzhütte mit kleiner Insel

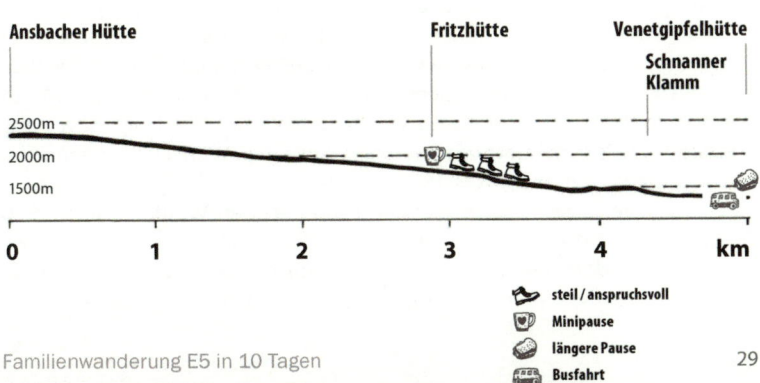

Schon bei der Planung hatten wir diese Etappe als „Ruhetag" auserkoren. Schließlich wollten wir nur wenige Kilometer bergab wandern.

Der Abstieg von der Ansbacher Hütte nach Schnann fühlte sich dann jedoch erst einmal gar nicht nach Ruhe an. Steil, teilweise rutschig und damit ziemlich anstrengend ging es fast 1090 Höhenmeter bergab. Teilweise waren mehrere alte und neue Wege sichtbar, aber wie sich herausstellte, war das unproblematisch. Wir fanden den Hauptpfad stets automatisch wieder.

Während des Hinuntergehens kamen wir an der Fritzhütte mit einem kleinen angelegten Teich vorbei. Die Bewirtschaftung konnten wir leider nicht ausprobieren, dafür war es noch zu früh am Tag. Hier teilte sich der Weg nach Schnann: Rechts weg ging es durch die Klamm, was wir empfehlen würden, wenn diese nicht gesperrt ist. Links weg führte ein Waldpfad teils extrem steil und nicht immer gut gesichert ins Dorf.

 Also liefen wir weiter zur Schnanner Klamm. Sie beginnt mit einer wenig hübschen, massiven Staumauer, die Schnann vor Lawinenabgängen schützt. Die dahinterstehende Klamm ist mit gesicherten Wegen und Brücken touristisch voll erschlossen. Entsprechend voll war dieser Abschnitt, der uns bis in den Ort führte.

Dort wollten wir den Bus erreichen, um nicht eine Stunde warten zu müssen, weshalb die ersten schon mal losrannten. Letzten Endes gelang uns die geplante Abfahrt mit tätiger Mithilfe des freundlichen Busfahrers, der sich überreden ließ, auf die Nachhut noch drei Minuten zu warten. Glücklich erreichten wir nach 30 Minuten den Bahnhof Landeck-Zams, die Endstation des Busses. Wir nutzten die Mittagspause der Bergbahn, um uns in der Bahnhofsbäckerei zu stärken und in einer nahegelegenen Tankstelle unsere Vorräte aufzufüllen.

Die Venetgipfelhütte, zu der wir mit der Bergbahn fuhren, erwies sich zwar kulinarisch als Mittelmaß, sonst aber als hervorragende Wahl. Wir hatten sie jedenfalls mit Absicht ausgesucht: Die Hütte war vor einigen Jahren (2012) gebaut worden, um den Venetberg attraktiver zu machen. Im Unternehmen wurden mehrere Menschen mit Beeinträchtigungen beschäftigt, die das Konzept der Lebenshilfe unterstützten. Das fanden wir gut.

Überraschenderweise befand sich die Rezeption an der Talstation der Bergbahn, so dass wir schon vor Abfahrt derselben in Ruhe einchecken konnten. In einer Extrafahrt brachte uns die Bergbahn rasch auf 2212 Meter. Alle Mitarbeiter der Hütte waren sehr freundlich und die Hütte war paradiesisch: Es gab echte Bettwäsche, einen Fernseher, WLAN und einen extra Chill-out-Raum mit phantastischer Aussicht.

Die Dachterrasse konnten wir aufgrund heftigen Windes und starken Gewitters nicht nutzen, die Sonnenliegen ließen allerdings erahnen, wie angenehm es dort bei Sonnenschein sein musste. Dafür wurden wir trotz trübem Wetter mit einem 360-Grad-Panorama und, nach dem Gewitter, mit einem phantastischen Regenbogen entschädigt. Bei Samuel und Raban führte das zu vielen Fragen. Beispielsweise, ob es bei Schnee gewittern kann (ja, aber selten wegen des meist fehlenden Temperaturunterschieds) oder wo das Ende des Regenbogens eigentlich ist (nirgendwo, weil es ein Lichtphänomen ist) oder was genau bei einer Mure (einer Lawine aus Geröll und Schlamm) passiert, so wie sie in Schnann letztmals im Jahr 2005 abgegangen ist.

Anleitung zum Nachspielen

Bei unseren Kindern entstehen während langer Wanderungen meist Fragen und Themen, die sonst nie vorkommen. Wahrscheinlich, weil einem beim gleichmäßigen Stiefeln viele Gedanken durch den Kopf gehen. Und natürlich, weil wir in der Natur sind und uns manche Naturphänomene sonst nicht begegnen. Jedenfalls ist es ein schöner Zeitvertreib, sich auszudenken, warum bestimmte Sachen sind, wie sie sind. Oder nachzugrübeln, wie man zu einer absurden Frage eine Antwort finden könnte. Meister des Fachs ist Randall Munroe mit seinem Buch „Was wäre, wenn", und wenn euch selbst keine Ideen kommen, was ihr auf dem nächsten Kilometer durchdenken wollt, dann schmökert mal durchs Inhaltsverzeichnis dieses Buches und schon seid ihr mittendrin in den lustigen, absurden, noch nie (oder fast nie) gestellten Fragen.

Über den Nachmittag erkundeten wir den Venetberg rund um die Bergstation: ein riesiger Spielplatz, zwei gewaltige Krähen-Holzfiguren, ein Alpenkräutergarten, der Venetbob, ein Observatorium und eine Kapelle machten unser Glück perfekt. Überhaupt: die Kapelle. Heike und Siegfried waren hingerissen. Die Kinder staunten über das ungewöhnliche Aussehen des vollständig aus Glas und Stein gebauten Gebäudes und waren unglaubliche fünf Minuten still, als sie die ruhige Stimmung im Inneren der Kapelle umgab.

Das Abendessen im Panoramarestaurant war zwar aufmerksam gemacht, entpuppte sich mit Kindern jedoch als schwierig. Das Gericht des Tages war vorgegeben und traf leider nicht den Geschmack der Kleineren. Wir Erwachsenen ließen uns hingegen zum Essen am Panoramafenster noch eine gute Flasche Wein schmecken, bevor wir einen letzten Blick auf die nun erleuchtete Bergkapelle warfen und dann müde in die Kissen sanken.

Beim nächsten Mal kommen wir übrigens freitags, denn da gibt es abends eine Sternenwanderung (nach Voranmeldung).

Die Gegenwartskapelle auf dem Venet

Praktische Tipps für die vierte Etappe

- Ihr könnt das Gepäck von der Ansbacher Hütte mit der Materialseilbahn ins Tal schicken. Einfach am Vorabend in der Hütte vereinbaren. Wir verzichteten darauf allerdings, weil wir eine Route nehmen wollten, die nicht zur Talstation der Materialseilbahn führte.
- An der Fritzhütte ist eine Einkehr möglich, wenn ihr später kommt und es nicht so eilig habt wie wir, um nach Schnann zu kommen.
- Genießt die Schnanner Klamm in vollen Zügen. Es ist beeindruckend, wie sich der Fluss dort durchs Gestein gefressen hat.
- Informiert euch auf der Seite des Verkehrsverbundes Tirol (→ Internet) über den Busfahrplan, wenn ihr nicht unnötig lang an der Bushaltestelle stehen wollt. Der Bus kommt etwa einmal pro Stunde.
- In Landeck-Zams gibt es vielfältige Einkaufsmöglichkeiten, allerdings ist sonntags kein Supermarkt geöffnet. Wir behalfen uns mit Tankstelle und Bahnhofsbäcker. Letzterer (Halt Landeck-Zams) ist sehr zu empfehlen. Es gab eine riesige Auswahl zum Mitnehmen, aber auch für ein leckeres Mittagessen vor Ort waren ausreichend Speisen verfügbar.
- Wer Lust und Zeit hat, kann von der Venetgipfelhütte aus tatsächlich den Venetgipfel erklimmen. Das dauert etwa 30 Minuten für die einfache Wegstrecke.
- Das Panoramarestaurant der Hütte hat den ganzen Tag geöffnet.

Tagestour

Die Tour für Wanderanfänger: Kommt mit Auto, Bahn oder Bus nach Landeck/Zams. Fahrt mit der Venetbergbahn auf den gleichnamigen Gipfel (bzw. zur Bergstation kurz darunter). Wählt oben, ob ihr den Gipfel erklimmen (30 Minuten), ein Stück Panoramaweg gehen (unterschiedliche Längen) oder einen kleinen Rundkurs (60 Minuten) wählen wollt. Genießt die Aussicht ins Tal, den Kräutergarten und die Gegenwartkapelle.

Notizen

Etappe 5: Von der Venetgipfelhütte nach Wenns

Die, bei der wir das Panorama genießen

Raban am Venet, behütet von mächtigen Namensvettern

Ausgangspunkt: Venetgipfelhütte (2212 Meter)
Ziel: Wenns (962 Meter)
Stationen: Gogles Alm – Galflun Alm – Larcher Alm – Wenns
Streckenlänge: 11,6 Kilometer
Dauer: vormittags 4:00 Stunden, davon 1:30 Stunden Pausen (3) / 2:00 Stunden Einkauf, Busfahrt und Eisessen / nachmittags: 30 Minuten
Schwierigkeitsgrad: leicht
Spiel des Tages: Steinmandl bauen
Abstecher des Tages: verschiedene Almen

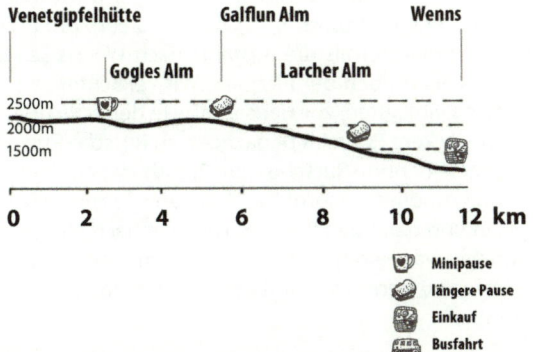

Nachdem wir schon am frühen Morgen nochmals den Spielplatz der Venet-gipfelhütte besucht und die Kinder sich ausgetobt hatten, ging es auf einem herrlichen Panoramaweg los Richtung Pitztal.

Wir passierten nacheinander drei Almen: Die erste nach einer Stunde, die Gogles Alm. Dort hätten wir sehr gern Bergkäse gekauft, der aber nur in Stücken von mindestens einem Kilo verkauft wurde und daher als zu schwer verworfen wurde. Die zweite Alm erreichten wir nach zwei Stunden, es war die Galflun Alm. Die letzten Meter führten uns über einen Stelzenweg im morastigen Gebiet. Dort erwarteten uns nicht nur ein toller Spielplatz und hausgebackener Bergkuchen, sondern auch eine neugierige Maus, mit der sich die ebenso neugierigen Kinder ausdauernd beim Brennholzstapel vor der Alm beschäftigten. Danach bauten sie noch Steinmandl. Steine gab es, wie überall, genug und ein Wegweiser konnte sicher nicht schaden. Schließlich rissen wir uns los und wanderten eine weitere halbe Stunde zur Larcher Alm.

Im Anschluss konnten wir uns zwischen Waldweg und Straße entscheiden. Wir nahmen die Straße, die ohne großes Gefälle ins Tal nach Wenns führte. In einer der vielen gemächlich sich windenden Straßenschleifen machten wir an einem Marterl eine ausgiebige Mittagspause, bei der einige Kinder plötzlich kleine Schätze aus der Tasche zogen. Senf, Ketchup und Zucker in kleinen langen Tütchen hatten sie sich offenbar am Venet angeeignet und verfeinerten nun Würstchen, Brötchen und Wasser.

Der letzte Teil des Abstiegs ab dem Ortseingang nach Wenns war nicht mehr gut ausgeschildert, so dass wir hier tatsächlich einmal navigieren mussten.

Dann aber sahen wir unser Quartier – das Rutsche Hostel. Dave, der Besitzer, empfing uns überaus freundlich und zeigte uns alles. Wir hatten die „Familiensuite" gebucht und so fühlten wir uns auch. Das Hostel bot wirklich alles, was wir uns vorstellen konnten: Waschmaschine, Trockenraum, Duschen, Billard, WLAN, eine voll ausgestattete Küche und einen Gemeinschaftsraum mit großem Tisch.

Dazu gab es noch jede Menge Tipps, angefangen vom wichtigen Hinweis, dass der Pitztaler Freizeitpass (inkl. Öffis) für 5 Euro pro Erwachsenem lohnenswert, da preiswerter als die Busfahrt nach Wenns sei. Empfohlen wurde uns auch noch der Pitzpark. Wir verzichteten aber, gingen stattdessen einkaufen, zur Hausapotheke des örtlichen Arztes und aßen eine leckere Pizza im benachbarten Rutsche Pub. In dem gab es sogar eine richtige Rutsche – zur Freude der Kinder.

So gestärkt und rundum versorgt beschlossen wir, am nächsten Tag zeitig zu frühstücken und dann den Bus um halb acht nach Mittelberg zu nehmen. Die Alternative wäre ein späteres Frühstück im benachbarten Gasthof Pitztaler Hof gewesen, denn eine Verbindung zum Talschluss des Pitztals gibt es jede Stunde.

Anleitung zum Nachspielen

An vielen Stellen in den Bergen findet sich genügend „Baumaterial", um kleine Steinhaufen, auch Steinmännchen oder Steinmandl genannt, zu errichten. Ursprünglich, und am E5 oft auch noch in dieser Weise genutzt, sind Steinmandl eine der ältesten Formen von Wegzeichen. Sie dienen der Orientierung. Wenn Wanderer sie heute – oft in winziger Ausführung – selbst erbauen, dann ist mit Orientierung oft eher der innere Kompass gemeint. Da geht es um ein Ritual, das Verbundenheit mit dem Ort oder dem Wandern ausdrücken soll. Das Bauen an sich ist ganz einfach: Sammelt Steine unterschiedlicher Größe und stapelt sie zylinderförmig – vom größten zum kleinsten – in mindestens drei Lagen aufeinander. Achtet dabei unbedingt auf den wackelfesten und sicheren Stand des Gebildes.

Imposantes Steinmandl

Bild von eurem eigenen Steinmandl

Praktische Tipps für die fünfte Etappe

- Falls ihr gern Käse esst, plant Platz und → Gewicht für den Bergkäse der Gogles Alm ein.
- Auf der Galflun Alm sind die Bewirtschafter gern bereit, den Almkuchen auch eingepackt mitzugeben.
- Wenns ist ein sehr langgezogenes Dorf mit mehreren Bushaltestellen. Wir entschieden uns für den Abstieg nach Wenns Pitztaler Hof. Eine Karte hilft bei der Orientierung im Ort, denn die Ausschilderung des E5 fehlt hier (vermutlich, weil der Bus ja nur eine Variante des Normalwegs ist).
- Informiert euch vorab über die Busfahrzeiten auf der Seite des Verkehrsverbundes Tirol oder des Tourismusverbandes Pitztal (→ Internet), die Strecke wird in einem größeren Takt bedient.
- Der Supermarkt in Wenns liegt an der Hauptstraße Richtung Talausgang, nur etwa 100 Meter von der Bushaltestelle Pitztaler Hof.

Tagestour

Von Landeck/Zams aus könnt ihr morgens mit der Bergbahn auf den Venet fahren und von dort den Panoramaweg nach Wenns laufen. Das dauert mit normalen Verschnaufpausen etwa vier Stunden – entsprechend länger, wenn ihr beispielsweise an der Bergstation des Venet eine Spielplatzrunde einbaut, den Venetgipfel bezwingen wollt oder an einer der vielen Almen länger einkehrt. Von Wenns kommt ihr mit einem Umstieg in Imst zurück nach Landeck/Zams, ihr könnt aber auch nach Imst laufen, wenn euch drei weitere Wanderstunden für den Nachmittag gelegen kommen.

Notizen

Alpenüberquerung mit Kindern

Etappe 6: Von Wenns zur Braunschweiger Hütte

Die, bei der wir ganz in Gegenwart und Vergangenheit sind

Antritt auf dem Wasserfallweg

Ausgangspunkt: Wenns (962 Meter)
Ziel: Braunschweiger Hütte (2759 Meter)
Stationen: Mittelberg im Pitztal (1736 Meter) – Gletscherstube / Material-seilbahn (1915 Meter) – Wasserfallweg
Streckenlänge: 5 Kilometer
Dauer: vormittags 1:00 Stunde Busfahrt / 30 Minuten bis zur Materialseil-bahn / 3:00 Stunden, davon 10 Minuten Pause (1)
Schwierigkeitsgrad: mittel
Spiel des Tages: Schatzsuche
Abstecher des Tages: See unterhalb Braunschweiger Hütte, Pitztaler Jöchl

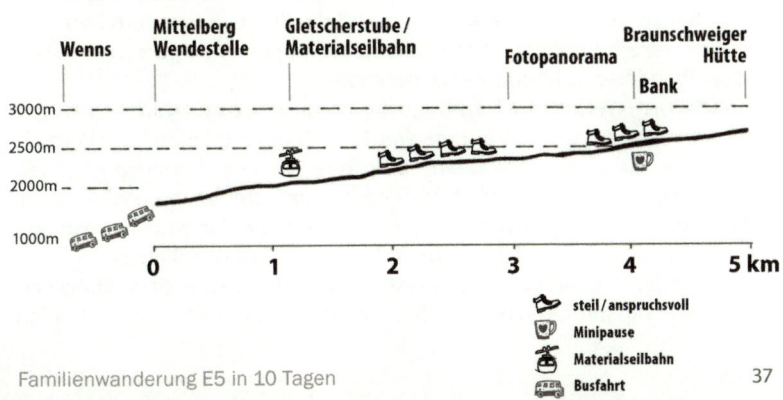

Die Busfahrt am Tagesanfang verbrachte jeder nach eigenem Geschmack: Handy spielend, aus dem Fenster schauend, mit anderen Fahrgästen erzählend – oder auch Malea zu einer Windel überzeugend. Unsere Kleinste war eigentlich bereits seit zwei Monaten trocken und hatte an allen Wandertagen bewiesen, dass sie bei Wind und Wetter und in jeder Lebenslage in der Natur aufs Klo gehen konnte. Nun aber saßen wir im Bus und es war dringend. Aussteigen war keine Option. Gelobt sei ein Tipp, den ich einmal im Internet gelesen hatte: Wanderung = Notwindelzeit. 20 Bestechungsgummibärchen und die fortwährende Versicherung, sie sei zwar schon ein Großkind, aber besondere Umstände erforderten eben besondere Maßnahmen, ließen die Windelaktion zum ersten Highlight des Tages für unsere Kleinste werden.

Bei dieser Gelegenheit trafen wir ein Ehepaar um die 60 aus der Nähe von Köln, das auch auf dem E5 unterwegs war. „Respekt", meinten sie, als sie unsere Wanderplanung hörten. Ein schönes Gefühl, nachdem uns am Anfang die Leute eher argwöhnisch beäugt hatten. Überhaupt: Ab jener Etappe zeigten sich andere Wanderer stets positiv erstaunt, wenn sie uns begegneten.

An der Endhaltestelle verließen wir den Bus, wanderten uns 30 Minuten in mäßig ansteigendem Gelände zur Materialseilbahn ein und ließen um 9 Uhr unsere Rucksäcke in die Materialseilbahn hinter der Einkehr Gletscherstube fallen. Wir hofften, dass alles gut ankommen würde, und trugen selbst nur noch einen kleinen Tagesrucksack mit Getränk, Pausenverpflegung, Handschuhen, Pflaster, Notfallpfeife, Handy und Geld.

Zur Braunschweiger Hütte führen mehrere Wege und Steige, die Straße, die als Zufahrt an den durch eine Schrägstollen- und eine Seilbahn erschlossenen Gletscher dient, ist allerdings gesperrt. Wir entschieden uns für den einfachsten, aber trotzdem anspruchsvollen Aufstieg über den Wasserfallweg. Er ist recht steil und teilweise → seilversichert, aber auch für Höhenängstliche und Nichtkletterer gut machbar.

Als die Sonne schließlich über die Bergkuppen stieg, entstand ein Fotopanorama, wie es schöner nicht hätte sein können. Nach dem Steig ging es weiter recht steil bergan, vor der Hütte gab es in größeren Abständen einige Bänke, auf denen wir ausruhen und die Berge bewundern konnten. Der Weg war allerdings recht schmal, so dass wir immer aufpassen mussten, andere Wanderer nicht unnötig zu behindern.

Erschöpft erreichten wir mittags die Braunschweiger Hütte. Es wurde die höchste Übernachtung auf unserer Tour. Während die meisten Wanderer, die so früh ankamen, spätestens nach der Mittagspause weiterzogen, blieben wir. In modernen Zimmern richteten wir uns ein, duschten und wuschen unsere Wäsche. Die riesige Wäschespinne hinter der Hütte leistete beim Trocknen wertvolle Dienste.

Die größeren Kinder genossen erst einmal die Tatsache, dass WLAN verfügbar war. Die mittleren erkundeten die Umgebung der Hütte. Sie fanden

Alpenüberquerung mit Kindern

verrostete Schrauben, Tierzähne, Knochen und ein altes Irgendwas, das sich später als uralter Schlüssel herausstellte.

Auf einem Minispielplatz tobten sie ordentlich, bevor wir alle zusammen zu einem etwa 100 Meter bergab liegenden See marschierten, an dem wir übten, Steine übers Wasser segeln zu lassen. Anschließend statteten wir die Jungs mit zwei Tüten aus und sie sammelten alles auf, was nicht in die Natur gehört: Kronkorken, Glas und vieles mehr. Das Spiel nannten wir „Schatzsuche".

Anleitung zum Nachspielen

Viele Menschen sammeln gern in der Natur. Manche Pilze, andere Steine, Muscheln oder Hinterlassenschaften aus der Vergangenheit. Im Gebirge bieten sich dazu wunderbare Gelegenheiten, vor allem auf steinübersäten Plateaus. Die Fundstücke – für Kinder als Schätze deklariert – sind nicht nur schön, sondern es lassen sich dazu auch allerlei Geschichten ausdenken. Wie sind sie an diesen Ort gekommen? Wozu dienten sie? Wer hatte sie dabei? Antworten dazu führen zu Gesprächen über geschichtliche Hintergründe der Wander-Etappe, aber auch Umweltthemen und andere Menschen geraten in den Fokus.

Wir Erwachsenen saßen derweil auf der Terrasse und beobachteten auf dem Nachbarfelsen Steinböcke, die offenbar schon an Menschen gewöhnt waren. Thomas und Siegfried beschlossen, auf einen benachbarten Hügel zu klettern, um von dort die Aussicht zu genießen. So kamen sie dem gegenüberliegenden Gletscher noch etwas näher. Später unterhielten wir uns mit dem Ehepaar aus dem Bus. Dann kam es zur Begebenheit aus dem Vorwort.

Gitta und Siegfried wanderten am Nachmittag zum Pitztaler Jöchl. Wir anderen ließen diesen Abstecher aus, wir hatten zu viel Respekt vor dem anspruchsvollen Weg. Die Senioren bestätigten später unsere Bedenken. Auch sie waren der Meinung, dass dieser Abschnitt für die Kinder eher ungeeignet gewesen wäre.

Den Abend verbrachten wir mit Karten und anderen Spielen, und die freundliche Bedienung gab uns noch den ein oder anderen Tipp für den folgenden Tag.

Blick auf die Braunschweiger Hütte und den Gletscher

Praktische Tipps für die sechste Etappe

- Nehmt euch die Zeit, auf dem Weg zwischen Mittelberg Wendestelle und der Gletscherstube die Informationstafel anzusehen, die den Gletscherrückgang aufzeigt. Gerade für die Kinder finden wir wichtig, auch den Gedanken mitzugeben, dass Natur und Berge schützenswert sind.
- Die Nutzung der Materialseilbahn muss nicht angemeldet werden. Frühes Kommen sichert einen Platz für das Gepäck, denn Versorgungsgüter haben immer Vorrang. Die Auffahrt kostet 4 Euro pro Gepäckstück.
- Wir möchten mit Kindern – es sei denn, sie sind kletterererfahren – von der Nutzung des alternativen Weges „Jägersteig" abraten. Auch eine Querung über die Gletscherzunge von der Bergstation des „Gletscherexpress" ist nur mit Gletscherausrüstung möglich und mit Kindern nicht zu empfehlen.
- Die → seilversicherten Stellen können gut gemeistert werden, es ist aber hilfreich, kleinere Kinder zu unterstützen, da manchmal die Armlänge noch nicht für den Umgriff reicht.
- Da die Metallseile bei geringen Temperaturen sehr kalt sind, empfehlen wir euch, Handschuhe zu tragen.
- Keinesfalls sollte vom Weg abgegangen werden.
- Hinter der Braunschweiger Hütte gibt es eine große Wäschespinne zum Trocknen der Kleidung.
- Vielleicht seht ihr die Steinböcke in unmittelbarer Nähe. Von der Terrasse der Braunschweiger Hütte auf einen kleinen Nachbarfelsen vor dem Gletscher schauend, könntet ihr Glück haben.

Tagestour

Schon an unserer Tourenbeschreibung der Etappe auf dem E5 seht ihr, dass sich die Braunschweiger Hütte auch wunderbar als Tagesziel eignet. Frühmorgens am Wasserfallweg hoch, mittags auf der Sonnenterrasse der Hütte relaxen, nachmittags der Abstieg zurück nach Mittelberg. Wer erfahrener ist, kann bei Auf- und Abstieg zudem zwischen verschiedenen Kletterpfaden wählen.

Notizen

Etappe 7: Von der Braunschweiger Hütte nach Vent

Die, bei der wir über die Alpen nachdenken

Sicherheit geht vor! Ein Erwachsener, ein Kind – im Gänsemarsch

Ausgangspunkt: Braunschweiger Hütte (2759 Meter)
Ziel: Bergsteigerdorf Vent (1900 Meter)
Stationen: Rettenbachjoch – Talstation Rettenbachgletscher – Rosi-Mitter-maier-Tunnel – Panoramaweg Vent
Streckenlänge: 1,4 Kilometer + 9,7 Kilometer = 11,1 Kilometer
Dauer: vormittags 3:00 Stunden, davon 10 Minuten Pause (1) und 30 Minuten Warte- und Fahrtzeit / nachmittags 5:00 Stunden, davon 1:00 Stunde Mittagspause und 1:00 Stunde Pausen (3)
Schwierigkeitsgrad: mittel bis schwer
Spiel des Tages: Gedichte aufsagen
Abstecher des Tages: Elefant Talstation Rettenbachgletscher, Weißkarsee

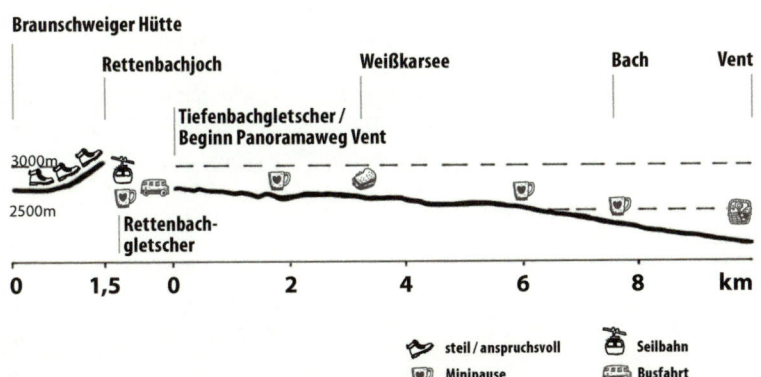

Nach einem frühen Frühstück stiegen wir zum Rettenbachjoch auf 2990 Meter auf und kratzten damit schon mal an der Dreitausendermarke. Während wir den Weg hinaufkletterten, blickten wir immer wieder einmal zurück auf Gletscher und Hütte – ein grandioses Panorama.

 Dann aber wurde es richtig steil und wir mussten auch an den →
seilversicherten Stellen tüchtig aufpassen. Nach einer schweißtreibenden Stunde standen wir auf dem Rettenbachjoch.

Den Abstieg vermieden wir: Eine Bergführerin erzählte gerade, sie sehe mehr Menschen am Rand der Schneefläche hinunterpurzeln als -laufen.

Mit der Seilbahn wurden wir also zur Talstation Rettenbachgletscher befördert. Dort sahen wir abgedecktes Gletschereis, das für den Skizirkus im Winter als Unterlage bewahrt wurde. An der Station selbst erstreckte sich eine riesige Baustelle, auf der ebenfalls Wintervorbereitungen getroffen wurden. Gerade, weil wir selbst begeisterte Skifahrer sind, wurden wir hier sehr nachdenklich.

Wir hatten noch etwas Zeit, bis der Bus kommen sollte, der uns durch den Rosi-Mittermaier-Tunnel zum Ausgangspunkt des Venter Panoramawegs bringen würde. Derweil erzählte Heike aus gegebenem Anlass die Geschichte von Hannibal. Nicht weit entfernt von der Station stand nämlich eine riesige Elefantenskulptur. Sie diente als Kulisse für das Hannibal-Fest, das in jedem zweiten Frühjahr die Gäste – darunter auch Nicht-Skifahrer – an den Gletscher locken sollte.

Hannibals Alpenüberquerung

Hannibal war nicht der Erste und nicht der Einzige, der in der Antike die Alpen überquerte. Schon Jahrtausende zuvor hatten Menschen Wege gefunden, um dieses Gebirge zu überwinden. Der Alpenzug von Hannibal im Jahr 218 v.Chr. sollte aber aus mehreren Gründen in die Geschichte eingehen. Erstens: Die Überquerung war ein erfolgreicher taktischer Schachzug. Zweitens war sie eine logistische Meisterleistung. Und drittens nahmen sich andere Heerführer und Herrscher Hannibal zum Vorbild auf ihren jeweiligen Alpenüberquerungen.

Doch von vorn: Was hat es mit Hannibal auf sich? Hannibal war ein karthagischer Feldherr. Karthago war – neben den Römern – eine wichtige antike Macht im Mittelmeerraum. Kein Wunder, dass Römer und Karthager im Laufe der Zeit mehrfach aneinandergerieten. Die Karthager hatten große Angst, dass sie Rom in Nordafrika angreifen würde. Hannibal wollte dem zuvorkommen und zog mit vielen Tausenden Fußsoldaten, Reitern und 37 Kriegselefanten Richtung Rom. Die Karthager kamen über das heutige Spanien und Frankreich. Der Aufstieg dauerte neun Tage. Schlechtes Wetter sorgte für Verluste, es kam zu kleineren Kämpfen, und am Pass musste das Heer wegen Steinschlag mehrere Tage lagern. Schließlich aber sahen Hannibal und seine Armee hinab in die Poebene. Sieben Tage dauerte der verschneite und rutschige Abstieg. Schon bald darauf griff Hannibal die überraschten Römer an. Zwei Schlachten konnte er für sich entscheiden. Doch auf die Eroberung Roms verzichtete er – und Rom holte zum Gegenschlag aus.

Dass heute am Rettenbachferner „Hannibal" alle zwei Jahre als „moderne Parabel um Machtstreben, Intrigen und Weltpolitik" inszeniert wird, ist historisch betrachtet Unsinn – der Übergang lag viel weiter westlich –, doch passt er zur Vermarktung der E5-Gemeinden als Stationen der heute bekanntesten Transalproute.

Auf den stündlich verkehrenden Bus warteten wir dann doch nicht mehr, denn ein Taxi bot seine Dienste an und für neun Personen war das auch nicht viel teurer als der Bus. Wir liefen dadurch vor den vielen Mitwanderern los, die uns später alle wieder ein- und überholten.

Der Venter Panoramaweg ist vom Wanderführer als 10 Kilometer aussichtsreiche Strecke „für alle Fitnesslevel" angekündigt. Das führte aber zu einer falschen Erwartungshaltung. Der Weg war mit Kindern deutlich schwerer als gedacht. Es ging zwar nur mäßig auf und ab, aber das Wandern an steiler Bergflanke erforderte teilweise ganze Konzentration. Die tollen Aussichten über die Berge und ins Ötztal konnten wir trotzdem genießen.

Mittags erwartete uns mit dem Weißkarsee sogar ein ganz besonderer Fleck. Am Ufer pausierten viele Wandergruppen, trotzdem gab es ein ruhiges Fleckchen, um die Füße zu kühlen, im seichten Wasser zu waten und Steinchen zu werfen. Highlight für die kleineren Kinder war eine Stempelstation, die auch einen Eintrag im → Reisetagebuch ermöglichte.

Beim seichten, langgezogenen Abstieg nach Vent kamen wir zuerst auf die Zukunftspläne der Kinder zu sprechen und dann auf die Schule von früher. Siegfried stellte fest, dass seinerzeit das Auswendiglernen von Gedichten noch fester Bestandteil des Deutschunterrichts gewesen sei. Zum Beweis, dass man so fürs Leben lernt, versuchten sich Eltern- und Großelterngeneration an Klassikern. Siegfried brachte es auf die ersten drei und die letzte Zeile des „Osterspaziergangs" sowie einen Teil des „Erlkönigs", Heike versuchte sich an „Dunkel war's, der Mond schien helle". Außerdem stellten wir fest, dass alle – außer Malea – einige Weihnachtsgedichte konnten und Niklas zu aller Überraschung mit „Bewaffneter Friede" von Wilhelm Busch das längste Gedicht auswendig aufsagen konnte.

Anleitung zum Nachspielen

Tauscht euch aus, welche Gedichte ihr so kennt. Und habt, falls ideenlos, einige Beispiele auf dem Smartphone dabei. Die könnt ihr bei akuter Langeweile oder als Ablenkmanöver hervorkramen. Einige unserer Highlights: „Die Made" (Heinz Erhardt), „Morgens früh um sechs, kommt die kleine Hex" (Kinderreim), „Max und Moritz" (Wilhelm Busch).

Später, als wir Vent schon längst sahen, lud ein kleines Bächlein mit Quarzgestein noch ein bisschen zum Verweilen in der Sonne ein, bevor wir uns im Bergsteigerdorf ein Eis gönnten. Leider blieb uns der Ort vor allem aufgrund seiner horrenden Preise bei mittelmäßiger Qualität in Supermarkt und Café in Erinnerung. Hier wurde die Alleinlage offenbar gewinnbringend optimiert.

Wohltuende Ausnahme war das Lokal im „Hotel Post" – leckere Küche, familienfreundliche Bedienung. Um das Restaurant zu erreichen, liefen wir an der Venter Ache entlang, einem durch Regen in den Bergen bereits reißenden Fluss, der einen Vorgeschmack auf den bevorstehenden → Wetterumschwung gab.

Toll war die Unterkunft bei Familie Fimml im Haus Eberhard. Sie betrieben eigentlich eine Pension, vermieteten aber auch Bergsteigerzimmer mit echter Bettwäsche und Duschmöglichkeit am Gang. Die Besitzer sind ein Ehepaar – er früher Bergführer, sie Spring- und Kunstreiterin. Wir waren sehr beeindruckt und redeten noch eine Weile über dies und das.

Bald vor allem über das Wetter und unsere Frage, ob wir in zwei Tagen den Übergang nach Italien wagen könnten. Regen und Schnee waren binnen 48 Stunden vorhergesagt.

Zwei Stunden später war klar, dass wir uns in zwei Gruppen aufteilen würden: Gitta, Siegfried, Thomas und Niklas gingen nach Vernagt, die anderen erst zur Martin-Busch-Hütte und dann zurück nach Vent.

Dass unser Pensionswirt unsere Umsicht lobte, war im ersten Moment nur ein schwacher Trost. Erst später verstanden wir, dass die wahre Stärke darin gelegen hatte, unseren Wunsch loszulassen.

Morgens ist der Gletscher auch noch da: Imposantes ewiges Eis

Praktische Tipps für die siebte Etappe

- Informiert euch tagesaktuell in der Braunschweiger Hütte, wie die Bedingungen am Pitztaler Jöchl und am Rettenbachjoch sind. Sperrungen wegen Steinschlag sowie Schnee/Eis sind nicht selten.

- Wir empfehlen euch – zumindest mit kleineren Kindern – den etwas weniger schönen, aber einfacheren Weg über das Rettenbachjoch.

- Der Aufstieg zum Rettenbachjoch ist → seilversichert; dort helfen Handschuhe bei kühleren Temperaturen, gut zuzupacken.

- Jenseits des Rettenbachjochs könnt ihr in ca. 30 Minuten hinunter zur Station Rettenbachgletscher laufen oder aber mit der Seilbahn (Schwarze Schneid I) fahren. Aktuelle Informationen zu Betriebszeiten und Preisen bieten die Bergbahnen Sölden (→ Internet).

- Der Rosi-Mittermaier-Tunnel darf nicht zu Fuß begangen werden. Ein Shuttlebus des Linienverkehrs verbindet Rettenbach- und Tiefenbachgletscher (Ausgangspunkt des Venter Panoramawegs) durch den Tunnel. Er fährt alle 30 bis 60 Minuten, der Fahrplan kann beim Verkehrsverband Tirol abgerufen werden (→ Internet). Alternativ stehen Taxis zur Verfügung, der Preis ist Verhandlungssache. Für eine größere Gruppe liegt er nur geringfügig über dem Buspreis.

- Am Weißkarsee gibt es eine Stempelstation. Besonders Kinder haben Freude daran, den Stempel auf die Haut oder ins → Reisetagebuch zu setzen, um eine Erinnerung zu haben.

Tagestour

Aus dem Ötztal gibt es hervorragende Verbindungen mit dem öffentlichen Nahverkehr und ggf. den Bergbahnen zum Ausgangspunkt des Venter Panoramawegs, der eine geeignete Tagestour darstellt. Schafe gucken, am See verschnaufen und am Bach spielen inklusive. Von Vent aus geht es dann zurück zum Ausgangspunkt im Ötztal.

Notizen

Etappe 8: Von Vent zur Martin-Busch-Hütte

Die, bei der manche Träume platzen und neue entstehen

Alle mal anfassen: Ein markiertes Alpenschaf kreuzt unsere Wege

Ausgangspunkt: Bergsteigerdorf Vent (1900 Meter)
Ziel: Martin-Busch-Hütte (2501 Meter)
Stationen: Niedertalalm – Schäferhütte
Streckenlänge: Streckenlänge: 8,4 Kilometer
Dauer: vormittags 1:30 Stunden, davon 10 Minuten Pause (1) / 0:30 Minuten Mittagspause / nachmittags 2:30 Stunden, davon 10 Minuten Pause (1)
Schwierigkeitsgrad: mittel
Spiel des Tages: Lieder zur aktuellen Wanderlage aus drei Generationen
Abstecher des Tages: Künstlerweg Vent und Jägerplatz „Hohler Stein"

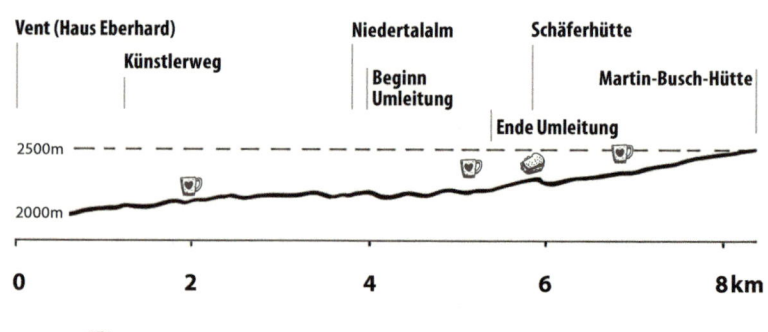

Alpenüberquerung mit Kindern

Ein wenig geknickt traten wir am nächsten Morgen den Weg zur Martin-Busch-Hütte an. So kurz vor dem Ziel, und ein Teil von uns würde den Übergang über den Similaun verpassen. Keine Ötzifundstelle, kein Kakao in der Similaunhütte und kein Abstieg zum glitzernden Vernagter Stausee.

Dafür entschädigte uns ein traumhafter Wandertag. Anfangs, gleich hinter Vent, haben mehrere Künstler Kunstwerke am sogenannten Künstlerweg geschaffen. Wir folgten ihm zwar nicht die ganzen zwei Kilometer Länge, aber zumindest ein Stück weit. Dabei bekamen wir Installationen wie den „Alpenprinz" und „Ötzis Göttin" zu sehen. Mit Blick auf die bevorstehende Wanderung fanden die Kinder letztere besonders beeindruckend. Sie wurde von einer Gruppe von Frauen als etwa drei Meter hohe Steinfigur erbaut. Der Kopf der Göttin war mit einem Kranz aus Strahlen versehen.

Kontinuierlich ging es auf einem breiten Fahrweg bergan. Bald kamen wir an einer Infotafel vorbei, die auf den vorgeschichtlichen Jägerplatz „Hohler Stein" verwies. Das ist eine archäologische Ausgrabungsstätte, an der steinzeitliche Überreste gefunden wurden. Mal höher, mal tiefer ging es am Ufer des Niedertalbachs entlang, der für einen Bach ganz schön schnell floss. Wir passierten eine neu erbaute Alm.

Nach einiger Zeit mussten wir einen Umweg nehmen. Steinschlag hatte eine längere Wegstrecke erfasst, und da offenbar weitere Steinabgänge befürchtet wurden, war der Weg gesperrt. Offenbar war dies schon länger der Fall, denn unsere Wanderapp zeigte den Umweg als reguläre Strecke an.

So wechselten wir die Flussseite. Auf dem schmalen Pfad, der sich oberhalb des Flusses entlangwand, verfolgten uns hartnäckig einige Ziegen – sehr zur Freude der Kinder. Heike verfolgte eher der Gedanke, jemand könnte in den reißenden Fluss stürzen. Eine zerborstene Brücke bewies, welche Naturkräfte hier am Werk sein konnten. Respekt war also sicher angebracht.

Bei der Rücküberquerung des Flusses zum Normalweg begegneten wir Fabian. Er war mit zwei Freunden und einer Drohne unterwegs auf dem E5, um diesen von oben zu erkunden. Wir staunten über das filigrane Gerät und malten uns aus, wie wir – kleinen Ameisen gleich – wohl so aussehen mochten in dieser gewaltigen Bergwelt. Fabian war glücklicherweise gern bereit, uns von oben zu filmen. Und tatsächlich: Nur wenige Tage nach unserer Begegnung fanden wir im Email-Postfach eine nette Nachricht mit mehreren Bildern von uns als Anhang.

Als wir an einer Schäferhütte mit hübscher Schafskulptur Mittagspause machten, beäugten uns die Tiere genau. Mehrere ließen sich sogar streicheln. Wir rasteten nicht nur vor, sondern die Kinder zeitweise auch in dem herrlich engen und schaurig dunklen Holzhäuschen.

Gut erholt ging es auf einer endlos scheinenden Strecke weiter. So spannend war die Umgebung nicht, also vertrieben wir uns die Zeit mit Liedern zur aktuellen Wanderlage. Siegfried trällerte in Vorfreude auf das Reiseziel „Zwei kleine Italiener" von Udo Jürgens. Thomas steuerte „Du hast den Farbfilm vergessen" von Nina Hagen bei. Niklas intonierte „Halleluja" von Pentatonix und Norea gab „Stronger" von Kelly Clarkson zum Besten. Samuel und Raban sangen – einer lauter als der andere – „Lieder" von Adel Tawil.

Malea wollte aus unerfindlichen Gründen „Stups, der kleine Osterhase" hören. Die Geschwister taten ihr den Gefallen und sangen das jahreszeitlich gesehen unpassende Lied. Egal, Hauptsache, wir kamen vor dem angesagten Regenguss an.

Anleitung zum Nachspielen

Mit Musik geht bekanntlich vieles besser. Wandern auf jeden Fall! Singt also nach Herzenslust eure Lieblingslieder. Erzählt euch bei Bedarf, worum es jeweils geht, und vielleicht auch, was das Lied mit eurer momentanen Lage und Stimmung zu tun hat. Die Geschmäcker sind verschieden, auch Klassiker wie „Das Wandern ist des Müllers Lust" können → motivieren.

Nach jeder Biegung dachten wir: Hier muss es doch nun sein. Erst als ein Schild auftauchte „Bis hierhin Handynetz", wurde klar, dass wir es bald geschafft hatten. Und trotzdem tauchte die Martin-Busch-Hütte recht unerwartet vor uns auf und hinter ihr der Similaunpass, der Übergang nach Italien. Wir richteten uns im Zimmerlager ein, hängten unsere Kleidung in den Trockenraum und begrüßten den Hüttenhund.

Eine Stunde später setzte ausdauernder Regen ein. Doch der konnte die Kinder nicht davon abhalten, das Wasserrad und den Schafstand mit vielen Tieren in unmittelbarer Nähe der Hütte noch einmal ausgiebig zu inspizieren. Als wir uns nun, in aller Ruhe, noch einmal umschauten, merkten wir: Zunehmend war während unserer Wanderung aus baumbestandener Gegend eine spärlich bewachsene Hochgebirgswelt geworden.

Die Hütte am Eingang zum Niederjochtal wirkte wie eine Trutzburg in dieser sicher oft recht unwirtlichen Gegend. Und sie ließ kaum Wünsche offen: Nette Wirtsleute und warme Duschen versüßten uns den letzten richtigen Alpenüberquerungsabend. An dem blickten wir zurück, aber auch nach vorn. Unser nächstes großes Ziel würde Schottland heißen. Natürlich wieder mit Rucksack und geschnürten Wanderschuhen.

Volle Wasserkraft voraus!

Praktische Tipps für die achte Etappe

- Falls ihr Zeit und Lust habt und das Wetter entsprechend ist, könnt ihr in Vent den Wasserspielplatz hinter dem Familienhotel Vent nutzen, den Künstlerweg ganz begehen oder die Bergsteigerkapelle aufsuchen.
- Auf dem Weg zur Martin-Busch-Hütte kommt ihr an einer alten Schäferhütte vorbei. Der Blick hinein lohnt sich, auch rasten könnt ihr dort gut.
- Solltet ihr noch einmal telefonieren wollen, tut dies an der letzten Kurve vor der Martin-Busch-Hütte. Dahinter gibt es für einige Zeit keinen Handyempfang mehr.
- Wer mit älteren Kindern schneller wandert, kann an diesem Tag als alternatives Übernachtungsziel auch die sehr schöne, für gutes Essen bekannte Similaunhütte ansteuern. Dafür sind etwa zweieinhalb zusätzliche Wanderstunden einzuplanen.
- Ein Abstecher zur Ötzifundstelle dauert hin und zurück etwa vier Stunden. Der Abstieg ist nur auf gleichem Weg empfehlenswert, der Klettersteig Richtung Similaunhütte ist mit Kindern nicht ratsam.

Tagestour

Von Vent zur Martin-Busch-Hütte und zurück – das geht wunderbar an einem Tag. Pro Strecke müsst ihr etwa vier Stunden einplanen, also früh los, Mittagspause in der Hütte machen und dann wieder zurückgehen. Den Künstlerweg in Vent oder zumindest einen Teil davon solltet ihr euch nicht entgehen lassen. Eine Pause bietet sich bei der schön gelegenen Schäferhütte an.

Notizen

Etappe 9: Von der Martin-Busch-Hütte nach Vernagt

Die, bei der wir stolz, glücklich und sehr nass sind

Endlich konnten die Regen-Klamotten zeigen, was sie drauf haben

Ausgangspunkt: Martin-Busch-Hütte (2501 Meter)
Ziel: Vernagt Stausee (1689 Meter)
Stationen: Abzweig zur Ötzi-Fundstelle – Similaunhütte (3019 Meter)
Streckenlänge: 10,5 Kilometer
Dauer: vormittags 3:30 Stunden, davon 1 Stunde Pausen (2) / nachmittags 2:30 Stunden
Schwierigkeitsgrad: mittel bis schwer, je nach Wetterlage
Spiel des Tages: ausgefallen wegen Regen und dem Wunsch, rasch ins Trockene zu kommen
Abstecher des Tages: Ötzi-Fundstelle (Wir ließen sie aus.)

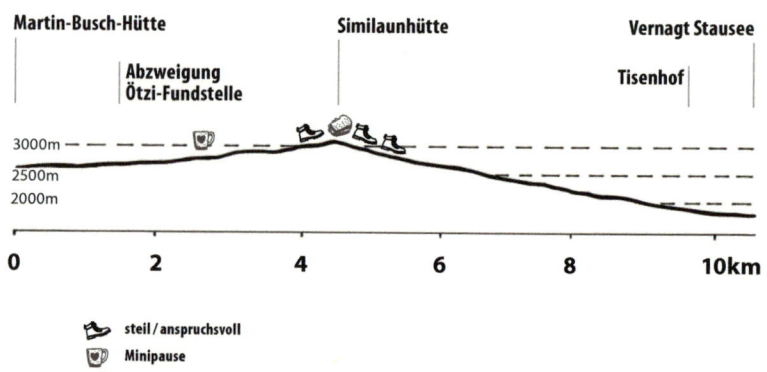

Bei sich eintrübendem Wetter und frischen Temperaturen ging es los. Der letzte Anstieg erwartete uns. Überdeutlich war jetzt, dass wir uns im Hochgebirge auf fast 3000 Metern befanden.

Die Martin-Busch-Hütte war schon bald nicht mehr zu sehen. Gemächlich ging es durch Gras und Geröll auf einem schmalen Weg nach oben. Es sah ein wenig aus wie in einer Mondlandschaft. Nach einiger Zeit bog rechts der Pfad zur Ötzi-Fundstelle ab. Er ist mit etwa zweieinhalb Stunden Umweg und einem Abstieg über einen Klettersteig angegeben, weshalb auch Gitta, Siegfried, Thomas und Niklas verzichteten.

Die Geschichte von Ötzi ließen sich die Kinder jedoch nicht entgehen – und die Aussicht auf den Besuch des Ötzidorfes am Folgetag versöhnte uns damit, den echten Fundort nicht gesehen zu haben.

Ötzi in den Alpen

Ötzi ist mit Sicherheit einer der berühmtesten Alpenwanderer. Auch wenn wandern vielleicht das falsche Wort ist, denn damals in Ötzis Zeit – der Jungsteinzeit vor mehr als 5000 Jahren – gingen Menschen nur dann los, wenn sie Wichtiges zu tun hatten. Zu gefährlich war es, einfach so unterwegs zu sein. Ein Wanderer, der nur aus Freude an der Natur in den Alpen herumspaziert, hätte Ötzi damals wohl mehr erstaunt als alles, was er je in seinem Leben gesehen hatte.

Was wir über Ötzi wissen, verdanken wir zuallererst Erika und Helmut Simon, einem wandernden Ehepaar aus Nürnberg. Sie entdeckten Ötzi, der seinen Namen durch einen Zeitungsreporter erhielt, am 19. September 1991 in der Nähe des Tisenjochs. Durch einen abtauenden Gletscher war die Mumie zu diesem Zeitpunkt freigelegt worden. Eine Mumie war Ötzi durch sogenannte Gefriertrocknung geworden. Nachdem klar war, dass Ötzi auf der italienischen Seite der in der Nähe verlaufenden Grenze zwischen Österreich und Spanien gefunden worden war, kam er erst ins Pathologische Institut der Universität Innsbruck und dann ins Südtiroler Archäologiemuseum nach Bozen. Benannt ist er nach dem Ötztal, das auf der österreichischen Seite liegt.

In den letzten Jahrzehnten haben viele Wissenschaftler an Ötzi geforscht und herausgefunden, dass er wahrscheinlich eine hohe Stellung hatte. Warum er sich am Tisenjoch herumtrieb, ist nicht klar. Dass er ermordet wurde, scheint jedoch sicher. Eine Attacke von einem oder mehreren Angreifern mit Pfeil und Bogen ist wahrscheinlich. Weshalb Ötzi umgebracht wurde, bleibt wohl für immer ein Geheimnis.

Auf dem Weg passierten wir eine kleine Gedenktafel. Auf ihr stand geschrieben: „Viele Wege führen zu Gott, einer geht durch die Berge." Die Mehrheit unserer Familie ist wenig oder nicht religiös, aber nach neun Tagen auf dem E5 konnten alle verstehen, warum jemand das so sah. So nah am Leben und an der Natur hatten wir uns selten zuvor gefühlt.

Der Weg war auch hier gut markiert, verlief aber insgesamt weniger in ausgetretenen Pfaden, sondern öfter in einem Pfadbündel. So auch an einer Stelle, wo ein Flüsschen entstanden war, das den Weg versperrte. Wanderer hatten unterschiedliche Möglichkeiten der Überquerung gefunden. Häufiger zeigten auch Steinmandl den Wegverlauf, was sicher besonders wichtig bei Schnee war. Neugierig beäugten uns einige Steinböcke.

Der letzte Kilometer zur Similaunhütte – also etwa 45 Minuten – war sehr steil. Hier verlangte die Alpenüberquerung nochmal alles von uns ab, bevor an der Similaunhütte, direkt auf dem Pass, wieder einmal grandiose Aussicht auf einen nahegelegenen Similaungletscher herrschte.

Die Similaunhütte (3019 Meter), auf der auch übernachtet werden kann, bot mit ihrer Sonnenterrasse ein wunderbares Fleckchen für eine Pause. Gekrönt wurde der suchende Blick nach Italien hinunter von selbstgebackenem Kuchen und heißem Kakao. Per Materialseilbahn hätte Gepäck zum Vernagter Stausee befördert werden können. Wir verzichteten auf das Angebot.

Hinunter ging es danach etwa eineinhalb Kilometer in einer Kletterpartie auf einem gut ausgebauten, teils → seilversicherten, gerölligen Weg. Zwei bizarre Felsen mit Gipfeldoppelkreuzen wünschten uns Glück auf den letzten Kilometern. Da es mittlerweile schneite, waren die vier Italien-Wanderer froh, dass Heike und die Kinder wohlbehalten in Vent waren und dort mit dem verfrorenen Tragekind eine heiße Dusche im Haus Eberhard nehmen und in trockene Sachen schlüpfen durften.

Für die Italien-Wanderer folgte nun ein manchmal steiler, ausgespülter Wanderweg durch Wiesen, sogar einige Murmeltiere ließen sich hier noch einmal blicken. Recht bald nach der Hütte war schon das Wanderziel zu sehen, auch wenn der Weg dahin noch etwa drei Stunden dauerte. Links und rechts wollten uns immer wieder Bachläufe, Steingruppen und Wiesen zum Verschnaufen überreden. Türkisblau lag der Vernagtsee zu unseren Füßen. Er lud quasi zum Baden ein – was aber nicht erlaubt ist. Die Temperaturen (oben noch am Gefrierpunkt) hätten es freilich gestattet, denn Italien grüßte mit um die 20 Grad plus.

Regentropfen vor der Linse, italienisches Azurblau im Visier

Der letzte Teil des Weges schlängelte sich zum See hinunter, mal hatten ihn die Italien-Wanderer dabei im Blick, mal nicht. Die Einkehr in der Jausenstation Tisenhof belohnte uns für die Mühen der letzten Etappe. Am See angekommen, ging es auf der Straße entlang bis zur Staumauer.

Praktische Tipps für die neunte Etappe

- Achtet gut auf den Weg. Dieser ist vor allem auf Steinen gut markiert, bei Schneefall können diese Zeichen allerdings bedeckt sein. Nicht weit von der Martin-Busch-Hütte wird die Similaunhütte (außer bei Nebel) sichtbar und gibt einen Anhaltspunkt zur Richtung.

- Der Weg über die Ötzi-Fundstelle (nur mit älteren, bergerfahrenen Kindern) verlängert die Tour um etwa zwei Stunden. Beim Abzweig vom „Normalweg" nach rechts führt eine Steinspur (Steinmandl) aufwärts, dann noch einmal eine Steilstufe zum Ötzi-Denkmal. Der Abstieg verläuft wellenartig über Blockwerk und Geröll, teils → seilversichert, teils auf schmalem Weg zur Similaunhütte.

- Die Similaunhütte bietet selbstgebackenen Kuchen und herrliche Blicke auf die umgebende Bergwelt.

- Im Vernagtsee darf nicht gebadet werden.

- Falls ihr sofort weiterreisen wollt, erhaltet ihr über die Seite des Südtiroler Verkehrsverbundes (→ Internet) Informationen zu möglichen Busverbindungen ab Vernagt.

Tagestour

Auf italienischer Seite ist ein Aufstieg von Vernagt zur Similaunhütte empfehlenswert. Der öffentliche Nahverkehr bringt euch frühestens um 8 Uhr von Naturns nach Vernagt. Der letzte Bus zurück fährt um kurz nach 18 Uhr. Ihr solltet mit etwa fünf Stunden Aufstieg und drei Stunden Abstieg rechnen. Mittags lädt hierbei die Similaunhütte, nach dem Abstieg der Tisenhof, zur Rast ein, falls ihr kein Picknick machen möchtet.

Notizen

Etappe 10: Von Vernagt nach Unser Frau (und Meran)

Die, bei der wir gar nicht mehr wandern, sondern nur noch spazierengehen

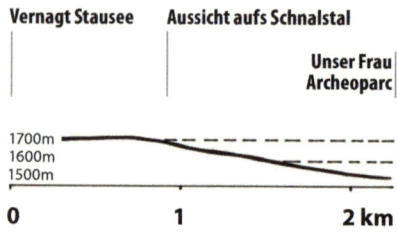

Endlich am Ziel! Galea nach ihrer ersten Alpenüberquerung

Ausgangspunkt: Vernagt (1689 Meter)
Ziel: Unser Frau bzw. Meran (1513 bzw. 325 Meter)
Station: Archeoparc Schnals im Ortsteil Unser Frau (1513 Meter)
Streckenlänge: 2,3 Kilometer
Dauer: 40 Minuten (Wandern) / 1:40 Stunden (Busfahrt)
Schwierigkeitsgrad: leicht
Spiel des Tages: Brot backen
Abstecher des Tages: Archeoparc Schnalstal

Vernagt Stausee   Aussicht aufs Schnalstal

Unser Frau
Archeoparc

1700m
1600m
1500m

0   1   2 km

Von Vernagt eine halbe Stunde nach Unser Frau, einem Ortsteil von Schnals, zu wandern ist nach mehr als einer Woche Alpenüberquerung ein Kinderspiel und verdient eher den Namen Spaziergang.

Dementsprechend locker waren wir am nächsten Morgen unterwegs auf einem schmalen Waldpfad und in strahlendem Sonnenschein. Leicht bergab ging es im Schnalstal Richtung Talausgang.

Unser Ziel war der Archeoparc Schnalstal, für die Kinder einfach als „Ötzidorf" bezeichnet. Dort informiert ein archäologisches Museum mit Freiluftbereich über die Lebensweise in der Jungsteinzeit. Der Fund von Ötzi gab den Impuls, dass im Schnalstal intensiv geforscht wurde.

Neben den Museumsinhalten, die sich mit der Zeit von Ötzi im Allgemeinen und dem „Mann aus dem Eis" sowie seinem Fund im Besonderen befassen, gibt es verschiedene Möglichkeiten, die Steinzeit hautnah zu erleben: Bogenschießen, Zuschauen beim Feuermachen mit Feuerstein und Pyrit sowie Brot backen waren nur einige der Angebote.

Anleitung zum Nachspielen

Wenn ihr selbst ein Steinzeit-Brot backen wollt, dann versucht es mal mit folgender Mischung: 500 Gramm ungemahlener Dinkel, 3 Esslöffel Schmalz, Wasser, etwas Salz, klein gehackte Kräuter (Petersilie, Dill, Thymian oder Kümmel). Am nächsten dran an der Steinzeit seid ihr, wenn ihr die Körner händisch mahlt mit einem Mörser. Dann alles verkneten und flachgedrückt im Ofen oder an einem Stock backen. Guten Appetit!

Im Museumsshop setzten die Kinder dann ihre → Belohnungen in Form von Zwergenschätzen in eine Kette mit einem kleinen Beil, ein Feuermachset und ein Knochenarmband um.

Darauf folgte eine Fahrt mit Bus und Bahn nach Meran, wo wir umgehend den besten Eisladen der Stadt ausfindig machten und uns – noch in Wandersachen und damit etwas underdressed für die hübsche Südtiroler Stadt – erst einmal üppige Portionen Straciatella, Vanille und Schokolade gönnten. Mit einer riesigen Pizza endete schließlich die Alpenüberquerung.

Schön war's!

Na, vielleicht nicht ganz, denn die Idee eines Familienwanderführers beschäftigte uns in unterschiedlicher Form noch einige Monate: Bilder wurden ausgesucht, Wanderdaten aus der → Wanderapp aufbereitet, → Kosten berechnet und – das war das Wichtigste – Erinnerungen ausgetauscht, die nun hier versammelt sind.

- Informationen zur Weiterfahrt Richtung Meran hält der Südtiroler Verkehrsverbund (→ Internet) bereit. Wir empfehlen euch den Kauf einer Wertkarte, die es zu unterschiedlichen Beträgen beim Busfahrer gibt.
- Der Archeoparc ist üblicherweise von Ostern bis Allerheiligen geöffnet, gegebenenfalls gibt es eine Revisionswoche. Ihr könnt euch auf der Website des Archeoparcs über aktuelle Bedingungen informieren.
- Der Park bietet zwei Typen von Eintrittskarten an: eine für einen kleineren Rundgang und das Museum, eine für die Benutzung der Gesamtanlage. Alle interaktiven Elemente (Bogenschießen, Brot backen, Einbaumfahren) sind nur im größeren Rundgang enthalten.
- Sowohl in Vernagt als auch in Unser Frau gibt es einen kleinen Supermarkt und mehrere Restaurants. Der Archeoparc hat auch ein eigenes Museumscafé.

Tagestour

Eigentlich ist unsere Etappe ja bereits als Eintagestour beschrieben. Etwa jede Stunde fährt im Schnalstal ein Bus in jede Richtung. Eine Möglichkeit für fitte Familien ist, den Weg hinter Unser Frau fortzusetzen und nach Katharinaberg zu laufen. Für die insgesamt 20 Kilometer sollte ein ganzer Tag Wandern (acht Stunden mit Pausen) eingeplant werden.

Notizen

Unsere Top 3 von A bis Z

Aausblick	Etappe
• Flarschjoch	3
• Similaunpass	9
• Braunschweiger Hütte	6
Essen	
• Braunschweiger Hütte	6
• Ansbacher Hütte*	3
• Berggasthaus Hermine	2
Seen	
• Weißkarsee	7
• Vernagter Stausee	9
• „See" an der Braunschweiger Hütte	6
Tiere	
• Alperschontal (Murmeltiere)	3
• Rund um die Martin-Busch-Hütte (Ziegen, Schafe, Steinböcke)	8
• Abstieg zum Vernagtsee (Kühe)	9
Übernachtung	
• Venetgipfelhütte	4
• Ansbacher Hütte*	3
• Rutsche Hostel	5
Drahtloses Internet	
• Venetgipfelhütte	4
• Braunschweiger Hütte	6
• Rutsche Hostel	5

 * Pokal „Familienfreundlichkeit"

Allgemeine Hinweise von A bis Z

An- und Abreise

Bekanntlich führen viele Wege nach Rom und ebenso zum E5 und von ihm weg. Hier ein kurzer Überblick über das jeweils letzte Verkehrsmittel (zum Beispiel falls ihr mit dem Flugzeug bis München kommt).

- **Auto:** Eine Anreise mit dem Auto ist flexibler als mit anderen Verkehrsmitteln. Die Rückreise zum Ausgangspunkt der E5-Wanderung aus Südtirol ist machbar, aber etwas umständlich mit dem regulären Zug- und Buslinienverkehr und je nach Ausgangspunkt komfortabler mit speziellen Shuttlebussen. In Oberstdorf beispielsweise kann das Auto auf Parkplätzen, in Parkgaragen (→ Internet) oder im Mountain Hostel in der Spielmannsau (für Gäste) abgestellt werden. Möglich ist auch ein Autotransport ans Ende der Wanderung, also nach Vernagt oder Meran. Manche Vermieter sind bereit, das Auto gleichsam aufzubewahren, wenn die Familie dort übernachtet.

- **Bahn:** Eine Anreise mit der Bahn hat den Vorteil, dass ihr nicht zum Ausgangspunkt der E5-Wanderung zurückkommen müsst. Wir persönlich fanden sie zudem entspannt, da keiner fahren musste. Zudem wusste man gleich, wie viel man tragen konnte. Nach Oberstdorf fährt die Deutsche Bahn ebenso wie das Verkehrsunternehmen ALEX. In beiden Zügen sind Bahnfahrkarten der Deutschen Bahn gültig. Fahrkarten sind außerdem wechselseitig in ALEX-Zügen und in DB-Zügen der gleichen Streckenführung gültig. Wanderfamilien aus Bayern nutzen kostengünstig das Bayernticket oder das Servus-Ticket von ALEX. Kinder unter 15 fahren dabei mit Eltern/Großeltern kostenlos. Oberstdorf wird auch von Fernzügen angefahren. Zubringer existieren von Augsburg, Ulm und München. Zurück geht es von Vernagt mit dem Bus und ab Naturns mit der Regionalbahn. Alternativ ab Meran erst nach Bozen und von dort beispielsweise nach München.

- **zu Fuß:** Für den (unwahrscheinlichen) Fall, dass ihr nicht nur zwei Wochen, sondern vielleicht zwei Monate wandert, interessiert euch die Anreise zu Fuß: Der E5 beginnt in Nordfrankreich, schlängelt sich an Fontainebleau bei Paris vorbei in die Schweiz (Bregenz) und kommt über Sonthofen und das Staufner Haus (Nagelfluhkette) nach Oberstdorf.

- **Anwandern:** Vielleicht möchtet ihr nicht nur die Kernstrecke Oberstdorf – Meran laufen, sondern schon ein wenig früher auf den Geschmack kommen. In der Nähe von Oberstdorf sind beispielsweise Kreuzlingen (Konstanz) und Bregenz Stationen des E5. Ihr könnt also auch nach Oberstdorf anwandern.

- **Letzte Kilometer:** Ab Oberstdorf müssen sich alle Wanderer entscheiden. Entweder könnt ihr zur Spielmannsau laufen (ca. 8,4 Kilometer, leicht ansteigend) oder ihr nehmt den Bergsteigerbus, der in der Hauptsaison jede Stunde einmal fährt, mit Ausnahme einer längeren Mittagspause. Größere Familien melden sich am besten beim Busunternehmen an.

Ausrüstung

Unsere Erfahrungen lassen sich mit den Worten zusammenfassen: Man braucht zwar nur sehr wenig zum Wandern in den Bergen, dafür aber die richtigen Dinge. (→ Packliste im Anhang)

Es gibt heutzutage eine so große Auswahl an Ausrüstungsgegenständen – nützlich oder nur scheinbar nützlich –, dass ihr im Outdoorladen eurer Wahl und im Internet schier verrückt werden könnt. Wir wollen trotzdem keine Empfehlungen geben, für qualifizierte Werbung fühlen wir uns nicht erfahren genug. Aber eines wissen wir: Auf zwei Ausrüstungsgegenstände kommt es an. Ein qualitativ hochwertiger → Rucksack pro Person und ebenso hochwertige → Wanderschuhe.

Belohnung

Am liebsten würden wir natürlich schreiben, dass der Weg und das Erreichen selbstgesteckter Ziele der Lohn sei. Aber mit Kindern stimmt das nicht so ganz. Es braucht zwischendurch immer wieder einmal Anschubser, um müde Füße auf Trab zu bringen, von kleinen Missgeschicken abzulenken oder die Langeweile zu bekämpfen.

Zu diesem Zweck dachten wir uns vor einigen Jahren bei einer der ersten Fernwanderungen eine abenteuerliche Geschichte aus, die bis heute Folgen hat: Wir waren damals auf der Via Claudia, einer alten Römerstraße, unterwegs. Als wir auf dem Weg immer mal wieder Unterlegscheiben fanden, erzählten wir dem damals fünfjährigen Samuel, es handele sich um Römermünzen. Die hätten ein Loch, weil es damals noch keine Portemonnaies gegeben hätte und die Römer sie deshalb an einer Schnur trugen. Das ist natürlich Unsinn, aber die Kinder wollen es gern glauben.

Die zweite Geschichte erfand unsere Tochter Norea: Sie erzählte ihren jüngeren Brüdern von Zwergen, die durchs Gebirge zögen. Dabei hätten sie stets Zwergenschätze (Centstücke) dabei. Besonders auf steilen Wegen – also Auf- und Abstiegen – fiele immer mal eine Münze aus dem Zwergenwägelchen, die wir dann finden könnten. Gesammelte Zwergenschätze können am Ende der Wanderung prima in einem Souvenirshop o.Ä. eingelöst werden.

Letzten Endes sind auch Süßigkeiten in Maßen, aber doch freizügiger als zu Hause eine große → Motivation.

Blasen an den Füßen

Vor zwei Dingen hatten wir ziemlichen Respekt: Blasen und schlechtes → Wetter. Bei ersteren helfen richtig gute → Wanderschuhe, die auch eingelaufen sind, und konsequentes Abkleben mit hochwertigem Blasenpflaster beim ersten Anzeichen einer Druckstelle. Erwachsene mögen solche Widrigkeiten vielleicht noch auf sich nehmen für das Ziel in der Zukunft, Kindern können schmerzende Füße tatsächlich jede Lust am Wandern nehmen.

Fotos

Fotografische Erinnerungen an solch eine besondere Tour sind – sofern man möchte – wichtig. Wir erleben, dass wir so das Gefühl des Wanderns ein bisschen wieder aufleben lassen können. Zum Glück hatte Gitta als „Fotoexpertin" die Kamera in allen bedeutenden Situationen zur Hand. Wir anderen machten Fotos mit unseren Smartphones. Aber eine „richtige" Kamera kann schon einiges mehr. Deshalb ist zu überlegen, ob ihr dieses zusätzliche Gewicht investieren wollt, um mehr Möglichkeiten zu haben, auch in speziellen Situationen (tiefenscharfe Bilder, Dunkelheit u.Ä.) gerüstet zu sein.

Frühstück

Frühstück ist – wie überhaupt Essen und Trinken auf den Hütten – recht teuer. Schließlich muss alles in die Berge transportiert werden. Es besteht selbstverständlich auch die Option, sich Verpflegung selbst mitzubringen, für Alpenvereinsmitglieder gibt es zum Beispiel Teewasser recht günstig zu kaufen.

Wir haben aus praktischen Gründen (Haltbarkeit, Nachkaufmöglichkeiten) und wegen des zusätzlichen Gewichts auf eine Selbstversorgung zum Frühstück – außer im Hostel in Wenns – verzichtet.

Geld

Nach wie vor kann man an vielen Stellen bei einer solchen Alpenüberquerung nur bar zahlen. Auch uns war es nicht ganz geheuer, mit vielen hundert Euro in der Tasche herumzulaufen. Ihr kommt aber nicht jeden Tag an einem Geldautomaten vorbei. Also gilt es abzuwägen, ob ihr lieber eine höhere Geldsumme bei euch tragen oder sicherstellen wollt, dass ihr immer rechtzeitig irgendwo Bargeld herbekommt.

Bei den meisten Hütten muss nur ein Teil des Übernachtungspreises während der Wanderung bezahlt werden, der Rest wird schon vorab bei Buchung fällig.

Gewicht / Tragegewicht

Das Packen für eine E5-Überquerung geht von zwei Überlegungen aus: Was brauche ich? (→ Ausrüstung) Was kann ich tragen? Als Familie, zumal mit einem Kind, das noch nicht trägt, sondern selbst getragen wird, ist die zweite Überlegung absolut zentral und unserer Meinung nach auch der begrenzende Faktor.

Wir wollen das an unserem Beispiel klarmachen: Übliche Wanderführer empfehlen pro Person möglichst nicht mehr als zehn Kilo Gepäck. Kinder, die selten erwähnt werden, sollten deutlich weniger tragen.

Für uns hieß das: Die Ausrüstung für sieben Personen sollte eigentlich nicht mehr als 30 Kilo wiegen, denn ein Erwachsener fiel ja als Träger aus, da Malea in der Trage saß. Um es kurz zu machen: An dieser Vorgabe scheiterten wir, fühlten uns aber mit dem tatsächlichen Rucksackgewicht trotzdem wohl.

Wir trugen 51,5 Kilo in sehr guten → Rucksäcken: Thomas – Malea mit Trage (15 Kilo) sowie drei Kilo Gepäck, vor allem Essen und Wasser, das im Laufe des Tages weniger wurde. Heike – 12 Kilo Gepäck. Niklas – 9 Kilo Gepäck, davon meist 4 Kilo Wasser, das im Tagesverlauf getrunken wurde. Norea – 7 Kilo Gepäck, davon 2 Kilo Wasser. Samuel – 3 Kilo Gepäck. Raban – 2,5 Kilo Gepäck.

Wir empfehlen euch, das Gepäck auf Probe zu packen. Nicht erst am Abend vor Beginn der Wanderung, sondern einige Tage zuvor. Testet Gewicht sowie Packmaß und reagiert, falls eines von beiden oder beide nicht den Empfehlungen entsprechen sollte.

Seid versichert, dass sich der Körper nach nur wenigen Tagen an das Rucksackgewicht gewöhnt. Wenn ihr die Faustregel in etwa einhaltet, schmerzt vielleicht noch am ersten oder zweiten Abend der Rücken, aber ihr könnt sicher sein, dass es sich um ein wanderverträgliches Gewicht handelt.

 **Faustregel:** Kindergartenkinder sollten kein Gepäck haben, außer einem kleinen Rucksack für ihre persönlichen Wanderschätze. Grundschulkinder sollten nicht mehr als zehn Prozent ihres Körpergewichts tragen. Ältere Kinder und Erwachsene können maximal 20 Prozent ihres Körpergewichts, aber möglichst auch nicht wesentlich mehr als zehn Kilo mitnehmen.

Höhenprofil

Der Schweregrad des E5 bemisst sich nach zwei Komponenten: den Längenkilometern und den Höhenmetern der Etappe. Mit beiden Einheiten könnt ihr abschätzen, wie schwer die Tour ist. Zudem hilft euch unsere subjektive Einteilung am Kapitelanfang: leicht – mittel – schwer.

Internet

Auf einem großen Teil des Weges und auch in vielen Hütten gibt es keinen oder nur schlechten Internetempfang. Insbesondere mit größeren Kindern sollte das vorab offen besprochen werden, um Enttäuschung zu vermeiden. Man muss das Ganze nicht „digitales Fasten" nennen, um herauszustellen, dass uns allen ein bisschen weniger Internetkommunikation und dafür echte Gespräche guttaten.

Kleidung

In den Alpen können sich → Wetterumschwünge deutlicher auswirken als im Tiefland. Seid auch in der Kernsaison auf Temperaturen von plus 30 Grad bis minus 5 Grad gefasst. Kleidungsstücke sollten für sich genommen eher dünn sein, dafür aber nach dem Zwiebelprinzip angezogen werden. So kann während des Wanderns je nach Witterung und Aktivität aus- oder angezogen werden.

Besonders intensiv solltet ihr ein eventuell mitkommendes Tragekind beobachten. Am Körper (im Tragetuch) kann es schnell sehr warm werden, wenn ihr euch anstrengt. In der → Trage kann dem Tragekind leicht kühl werden, was ihr in eurem eigenen Temperaturempfinden bei ständiger Anstrengung vielleicht nicht merkt.

Kosten

So wie wir früher Urlaub mit Zelt oder Wandern als preisgünstige Reisemöglichkeit wahrgenommen haben, so sicher gilt heute: Eine Alpenüberquerung ist kein Billigurlaub. Zwei Wochen Mallorca oder Italien wären für uns wohl preislich günstiger gewesen. Insgesamt bezahlten wir zu siebent (also ohne Gitta und Siegfried) für 10 Tage etwa 3200 Euro. Eine Aufschlüsselung der → Kosten findet ihr im Anhang.

Kräfteeinteilung

Die Versuchung ist groß, am Anfang rasch loszulaufen, zu springen oder zu rennen – und Kinder können ihr kaum widerstehen. Es braucht meist ein, zwei Tage, bis alle verstanden haben, dass es klug ist, sich Kräfte einzuteilen, manchmal langsamer zu laufen als man könnte. Wir haben versucht, das den Kindern zu erklären: mit wechselndem Erfolg.

  Wichtig war, dass wir es selbst wussten und eisern auf den Wander- und vor allem Pausenzeiten bestanden haben.

Medikamente

Uns ist klar, dass Menschen sehr unterschiedliche Sicherheitsbedürfnisse haben. Manche nehmen selbst in europäische Metropolen mit 24-Stunden-Apotheken zahlreiche Medikamente mit, andere – wie wir – reisen da eher „mit leichtem Gepäck" und großem Optimismus. In den Alpen ist die nächste Apotheke meist nicht gleich verfügbar und so ist eine kleine Not-Medikation sicher angebracht. Wir packten Folgendes ein: Schmerzmittel (Ibuprofen), Schmerzsalbe für Verstauchungen, Wund- und Heilsalbe, Desinfektionsmittel, Durchfallmittel (Kohle, Elektrolyte), Magnesium, Lutschtabletten gegen Halsschmerzen und Nasentropfen. Überlegt selbst, was ihr benötigt, um euch gut gerüstet zu fühlen, und denkt an eventuelle spezielle Medikationen für alle Familienmitglieder.

Mittagessen

Auf mehreren Etappen gibt es Einkehrmöglichkeiten für die Mittagszeit, wir zogen jedoch Picknick in der atemberaubenden Natur vor. Um satt zu werden, nach Wunsch der Kinder zu essen und nicht zu viel tragen zu müssen, entschieden wir uns für folgende Basis: Brot, Kaminwurzen, Käse (teils von Almen), Äpfel, Mohrrüben, Nachtisch aus der Pausenverpflegung. Wir möchten sie erwähnen, haben sie aber selbst nie ausprobiert: die Lunchpakete, die manche Hütten anbieten. Sie sind recht teuer, was aufgrund der entlegenen Lage auch verständlich ist.

Motivation

Viele Menschen zweifeln, dass sich Kinder zum Wandern motivieren lassen. Das ist verständlich, denn im Alltag vieler Familien spielen heute ganz andere Dinge eine Rolle. Gerade aber dieses andere kann aufregend sein. Und nicht zuletzt eignet sich Wandern für Kinder in jedem Alter. Bei Familien wie unserer mit mehreren Kindern in unterschiedlichem Alter ist es manchmal schwer, Unternehmungen zu finden, die für alle attraktiv sind. Wandern gehört dazu. Wichtig erscheint uns, dass klar kommuniziert wird, was die Kinder erwartet. „Das ist ganz leicht", mag dazu führen, dass alle gern mitkommen, aber nach einer Stunde wird dieser Schwindel auffliegen. Sich anzustrengen für diese unvergesslichen Erlebnisse, ist ehrlicher. Wir betonen beispielsweise immer, dass die Kinder sicher das ungewöhnlichste Ferienerlebnis haben. Während in ihren Klassen stets etliche Kinder in Deutschland auf Urlaub waren und einige am Strand gelegen haben, sind sie über ein ganzes Gebirge gewandert. Viel Motivation entsteht durch die Entdeckungen vor Ort. Für diese muss unbedingt Zeit sein.

Während der Pausen braucht es Raum für Spiele und Entdeckungen. In Bächen darf geplanscht, Steine dürfen eingesammelt und mitgenommen und Tiere dürfen beobachtet werden. Lediglich auf Schönheiten der Natur zu zeigen, brachte meist nur ein müdes Lächeln hervor. Sätze wie „Schaut mal, ist das nicht ein tolles Panorama?" verfehlten jegliche Wirkung. Doch die Aussicht auf konkrete Ziele stärkte: die Pizza in Wenns, das Steinmandlbauen oder die Hannibal-Geschichte am Gletscher.

Viel Lob ist wichtig für das Durchhalten auch an schwierigen Stellen. Loben ist mehr als Belohnen. Belohnen ist zunächst mal ein Tauschgeschäft. Pizza gegen Laufen. Doch Loben kann Anleitung zum Selbstloben geben. Es ist wichtig, dass Kinder sich bewusstmachen, was sie geschafft haben. Dass man bestimmte Dinge erlebt durch diese besondere Wanderung, ist eine wunderbare Erkenntnis. Bei unserer Alpenüberquerung entstand sie immer mal wieder. Am offensichtlichsten sicher an der Braunschweiger Hütte, wo Samuel jenen uralten Schlüssel fand. So etwas liegt eben nicht zu Hause auf der Straße.

Notfall

Dieser Punkt bleibt hoffentlich für alle Wanderer irrelevant. Trotzdem ist es wichtig, ihn zu erwähnen. Erste Regel: Viele Notfälle müssen gar nicht entstehen, wenn Wanderer – gerade mit Kindern – sich umsichtig verhalten. Das bedeutet, gesperrte Wege zu meiden (und ggf. Umwege in Kauf zu nehmen), bei ungünstigem → Wetter Wanderrouten zu ändern oder selbst gesteckte Wanderziele aufzugeben. Ebenso sollte klar sein, bei Gewitter Schutz zu suchen und Schneefelder und vereiste Flächen möglichst nicht zu betreten.

Falls doch etwas passiert: Ein Handy leistet in vielen Bereichen gute Dienste, um Hilfe zu holen. Auf dem E5 ist man außerdem selten allein, so dass andere Wanderer ebenso unterstützen können.

Das alpine Notsignal besteht aus sechs akustischen (Trillerpfeife) oder optischen (Taschenlampe) Impulsen innerhalb einer Minute. Die Antwort sind drei optische Impulse. Ein Notfallset (→ Packliste im Anhang) kann bei kleineren oder größeren Verletzungen eingesetzt werden.

Packliste

Wir möchten euch unbedingt empfehlen, eine → Packliste (Anhang) zu machen. Erstens damit ihr in der Aufregung kurz vor dem Urlaub nichts vergesst. Wir haben zu diesem Zweck nicht nur alle Ausrüstungsgegenstände aufgeschrieben, sondern in einer Tabelle alle Familienmitglieder eingetragen und dann Eingepacktes abgehakt. Praktisch ist die Tabelle auch, um einen Überblick während der Tour zu haben. Nichts ist unangenehmer, als jeden Tag durch alle Rucksäcke zu graben, um dies oder jenes wiederzufinden. In besagter Tabelle gab es daher eine Spalte „eingepackt in", wo wir den Verstau-Ort notiert hatten.

Pausen

Egal, wie gerade alle drauf waren: Alle ein bis zwei Stunden haben wir eine Pause gemacht. Das würden wir euch mit Kindern auch dringend empfehlen. Pausen strukturieren das Wandern. Pausen legen außerdem fest, wann es Essbares (und dabei auch was Süßes) gibt. Pausen sind überdies Gelegenheit zum Pflasterkleben, für Kopfhochsprüche und kleine Glücksmomente.

Pausenverpflegung

Um alle bei Laune zu halten, gab es immer eine vielseitige Pausenverpflegung zur Wahl. Alle halbe Stunde ein Gummibärchen zu essen wirkt oft Wunder. Zudem empfehlen wir Studentenfutter, Kekse und Äpfel. Auf einigen Etappen konnte man auf einer Hütte oder im Supermarkt im Tal auch besondere Leckereien (Eis, Kuchen) bekommen.

Reisetagebuch

Jeden Tag ließen die Kinder mit Hilfe ihres Reisetagebuchs Revue passieren. Wir wählten eine niedrigschwellige Variante, damit auch nach langen Wandertagen noch ausreichend Kraft da war, um einige Notizen zu machen. Solch ein Reisetagebuch ist später eine schöne Erinnerung und in gebundener Form auch etwas für viele Jahre später. Die genauen Einträge können ganz individuell gestaltet werden, zum Beispiel mit Informationen zur Strecke, zum Wetter, zu den schönsten Erlebnissen usw. Auch Bilder und Stempel können hinzugefügt werden.

Unsere Variante gibt es in praktischer Form als „Mein Alpentagebuch" zu kaufen. Es eignet sich für die ganze Familie. So kann beispielsweise jeden Tag ein anderes Familienmitglied den Eintrag übernehmen.

Reservierung

Mit Familie würden wir stets dazu raten, Hütten und andere Quartiere vorzureservieren. Das gelingt für die kommende Wandersaison am besten nach dem Jahreswechsel. Mittlerweile verfügen einzelne Hütten über ein Onlinereservierungssystem.

Rucksack

Vorweg: Alltagsrucksäcke sind für eine E5-Wanderung ungeeignet. Nichts verdirbt Kindern so schnell die Laune wie ein schmerzender Rücken oder ebensolche Schultern. Ihr braucht richtige Wanderrucksäcke. Im Gegensatz zu → Wanderschuhen könntet ihr solche aber auch ausleihen, wenn es in der Verwandschaft oder Bekanntschaft gute Exemplare gibt.

Falls ihr Rucksäcke kaufen müsst, lasst euch am besten beraten und probiert im Geschäft mit und ohne Jacke verschiedene Modelle aus. Für kleinere Kinder, für die es nicht unbedingt ausgesprochene Weitwandermodelle gibt, empfehlen wir als Mindestanforderung unbedingt einen Rucksack mit Schulter- und Hüftgurt.

Es ist wichtig, vor Beginn der Wanderung und gegebenenfalls zwischendurch den Rucksack auf euch einzustellen. Dafür gibt es am Tragesystem guter Wanderrucksäcke vielfältige Möglichkeiten, die bei größeren Rucksäcken übrigens deutlich über das Verkürzen oder Verlängern des Schultergurts hinausgehen. Dieser sollte nur so genutzt sein, dass er den Rucksack nah am Körper hält. Das Hauptgewicht sollte über den Hüftgurt getragen werden.

 Darüber hinaus kennt ihr vielleicht die Grundregel des Rucksackpackens:

- Packt in die große (falls ihr noch ein kleineres Bodenfach habt, dann die obere) Hauptkammer eures Rucksacks die schweren Gegenstände möglichst nah an den Rücken und in Höhe der Schultern – also zum Beispiel Wasserflaschen.

- Im Hauptfach fern vom Rücken könnt ihr Kleidung und ähnlich leichte Sachen transportieren.

- Ins Bodenfach gehören leichte Dinge wie Schlafsack und Kleidung.

- Nutzt das Deckelfach, die Seiten- und Fronttaschen nur für die hundert Kleinigkeiten, die ihr so mitnehmt, wie beispielsweise Regenhülle, Handy, Kartenmaterial, Taschentücher etc.

- Trekkingstöcke und anderes sperriges Gut könnt ihr über Schlaufen und Riemen außen am Rucksack fixieren und ausreichend befestigen. Lasst dabei unbedingt ein bis zwei Befestigungsmöglichkeiten für Jacken frei.

- Achtet insgesamt darauf, dass ihr die Seiten des Rucksacks gleich beladet, damit er und ihr nicht in Schieflage kommt. Das führt nämlich zu unangenehmen Verspannungen.

Saison

Der E5 ist hervorragend ausgebaut und etwa fünf bis sechs Monate des Jahres begehbar. Die meisten Hütten öffnen im späten Mai oder Anfang Juni und sind bis Oktober für Übernachtungsgäste da. Einige haben auch Notunterkünfte in den anderen Monaten.

Wir empfehlen eine Familientour in den Sommermonaten Juli und August. Je später in diesen beiden Monaten, desto geringer ist die Gefahr, noch auf Altschnee zu treffen. Wir haben die Wanderung Ende August unternommen und wurden am letzten Tag von Neuschnee überrascht.

Seilversicherung

Seilversicherte Bereiche sind für jüngere Kinder oft eine große Herausforderung, weil die Seile für die Reichweite erwachsener Arme gemacht sind. Sie sind zu weit oben, zu weit auseinander oder drücken gegen die Wand, wenn mehrere Menschen sich gleichzeitig festhalten. Das macht manche Wege, die Erwachsene recht mühelos steigen, für Kinder schwierig.

Wir empfehlen, das Kind das → Tempo bestimmen zu lassen, damit es in Ruhe geeignete Griffmöglichkeiten finden kann. Außerdem sind gut sitzende Handschuhe – unabhängig von den Temperaturen – hilfreich, denn die Seile sind kalt und liegen mit Handschuhen einfach besser in der Hand.

Sicherheit

 Mit Kindern wandern zu gehen ist grundsätzlich keine übermäßig gefährliche Freizeitbeschäftigung. Trotzdem sollten ein paar Sicherheitsregeln beachtet werden. Diese sind zwar auch von eurer persönlichen Einschätzung der Situation abhängig, aber einige Hinweise sind generell gültig.

Auch und gerade mit Kindern gilt daher, die folgenden allgemeinen Wanderregeln zu beachten:

- aufs → Wetter achten (passend gekleidet sein, notfalls auch auf die Wanderung oder einen bestimmten Weg verzichten)

- auf Wanderwegen nicht rennen und somit trittsicher bleiben

- die Dreierregel einhalten (möglichst drei Gliedmaßen mit sicherem Halt/Stand in der Bewegung)

- auf ausgesetzten Passagen: Ein Erwachsener betreut ein Kind.

Tempo

Wir haben die Erfahrung gemacht, dass weder die Zeitangaben der gängigen Wanderführer noch jene auf den Wegweisern im Gebirge für uns hilfreich sind. Als → Wanderzeit brauchten wir meist etwa das Anderthalbfache. Ihr könnt das ganz gut ausprobieren, wenn ihr zur Probe einige Male wandern geht und eure realen Zeiten mit den angegebenen vergleicht. Derart vorinformiert haben wir bei unserer → Wanderapp gleich eine langsamere Geschwindigkeit angegeben, die dann auch realistisch war. Trotz dieser scheinbar „zu langsamen" Gangart solltet ihr euch nicht verleiten lassen, zu schnell loszulaufen. Die → Kräfteeinteilung ist das A und O im Gebirge.

Toiletten

Toiletten sind rar im Hochgebirge. Diese Banalität wäre nicht so wichtig, wenn es nicht Kinder gäbe, die sich weigern, ihren kleinen Popo in den Wind zu halten. Daher: Macht vorab Toilettentraining im Freien. Erklärt, was beim „freien Pieseln" und größeren Geschäften in der Natur wichtig ist: verdeckte, aber sichere Stelle ab vom Weg suchen, eigene Kleidung vor dem Nasswerden schützen, bei Bedarf nur verrottendes Papier nutzen, Stelle nach dem großen Geschäft möglichst bedecken (Erde, Laub, Steine).

Trage / Tragen

Wandern mit Kindern, die selbst noch nicht (weit genug) laufen können oder nicht überall laufen sollen, ist eine Besonderheit.

Eine Weitwanderung mit Baby können wir fitten Eltern gemäß unseren Erfahrungen ohne Bedenken empfehlen. Mit dem passenden Tragesystem (Tragetuch oder Babytrage) kann bei regelmäßigem Trage-Training im Alltag relativ problemlos und rückenschonend gewandert werden.

Besonders wichtig ist es, auf die passende Kleidung zu achten. Während kleine und große Wanderer meist ordentlich schwitzen, wird es in der Trage oft rasch kühl oder kalt. Besonders Füße und Hände sollten daher immer wieder kontrolliert und bei Bedarf warm eingepackt werden.

Die Hütten sind in der Regel so ausgestattet, dass auch kleine Kinder dort übernachten können (besser im Mehrbettzimmer als im Lager, um andere Gäste nicht zu stören), und die Infrastruktur erlaubt überall rasches Reagieren auf unvorhergesehene Situationen.

Kleinkinder bis drei Jahre möchten manchmal nicht gern in der Trage sitzen. Gleichzeitig können sie aber noch keine großen Strecken laufen und halten so oft an, dass kein normales Vorankommen möglich ist. Darüber hinaus sind manche Passagen ganz einfach zu gefährlich für kleine Selbstläufer. Wir empfehlen euch daher, mit dem Kind auszumachen, wann Laufen und wann Tragen möglich ist. Außerdem hilft nach unserer Erfahrung Beschäftigung.

Unsere Tochter durfte in der Trage immer ein Fernglas benutzen, um vom „Hochsitz" wichtige Ansagen zu machen. Sie bekam Stöcke, Tannenzapfen und Blätter zum Sammeln und Spielen. Ein Kuschelkissen wartete für Phasen der Müdigkeit. Mit drei Jahren hat sie auf Wanderungen einen anderen Schlafrhythmus als zu Hause: Meist ruht sie eine Stunde morgens und eine nachmittags. Für die Pausen suchten wir, wenn irgend möglich, Plätze, an denen sie sich frei bewegen konnte, Sprünge von kleinen Felsen, Purzelbäume im Gras und Stolperer über Wurzeln inklusive. Letztlich empfehlen wir euch, das Sitzen in der Trage vorab zu üben.

Wanderbeginn

Wir empfehlen euch, den E5 nicht am Freitag oder Samstag zu starten. Erstens sind zu diesem Zeitpunkt viele Wochenendwanderer ab Oberstdorf unterwegs, zweitens starten die meisten Wanderreiseveranstalter ihre Transalpintouren an einem dieser Tage. Wir starteten am Donnerstag, und selbst da war die Kemptner Hütte gefühlt rappelvoll.

Wanderreise / Wanderschule

Mehrere Anbieter offerieren Alpenüberquerungen mit Kindern. Diese Wanderungen sind – soweit wir das beobachten konnten – gut organisiert und profitieren von der Kompetenz der Wanderführer. Auch ist der organisatorische Aufwand ungleich geringer als bei einer selbst organisierten Wanderung.

Für uns gab es dennoch drei Gründe, davon Abstand zu nehmen: Erstens wollten wir als einzelne Familie wandern. Zweitens schreckte uns der doch recht hohe Preis. (Erwachsenenpreise um 1000 Euro pro Person und Kinderpreise um 800 Euro pro Kind sind durchaus üblich.) Drittens werden diese Touren erst für Kinder ab 8 oder 10 Jahren empfohlen bzw. nicht vor diesem Alter durchgeführt.

Wanderschuhe

Weiter vorn in diesem Kapitel sprachen wir von den Dingen, vor denen wir am meisten Respekt hatten. Dazu gehörten → Blasen an den Füßen. Blasen kommen von der ungewohnten Belastung der Füße und noch mehr von unpassenden Wanderschuhen. Ihr könnt also gar nicht genug Aufmerksamkeit auf die Auswahl eurer Wanderschuhe legen.

Dazu braucht es am besten professionelle Beratung und die Einstellung, hier keinesfalls am Geld sparen zu wollen. Dass man Schuhe nicht von anderen Personen ausleiht, wisst ihr sicher.

In unserer Familie nutzen wir unterschiedliche Wanderschuharten: solche aus Leder, andere aus Tex-Materialien. Beides funktioniert gut, wenn die Schuhe entsprechend imprägniert werden. Allen Schuhen gemeinsam ist: Es sind Markenschuhe und sie sind knöchelhoch. Wir nutzen sie mit richtigen Wandersocken, die an den entscheidenden Stellen gepolstert sind. Diese dürfen nicht zu klein sein, vor allem müsst ihr einberechnen, dass ein wandernder Fuß im Tagesverlauf anschwillt. Sie dürfen aber auch nicht zu groß sein, denn in Schuhen herumzurutschen macht erstens unsicher, ist zweitens gefährlich und verursacht drittens Blasen. Fragt also beim Kauf lieber zweimal nach.

Wichtig ist, dass ihr die Schuhe vor der großen Wanderung einlauft. Nicht nur ein bis zwei Stunden, sondern tagelang. Die Kinder können sie in der Übergangzeit schon in die Schule anziehen und natürlich auch beim Einwandern. Auch zu Hause haben wir schon das ein oder andere Kind mal einen Tag lang in den Schuhen herumgehen lassen.

Und was, wenn die Schuhe nass werden? In allen Hütten gibt es Schuhtrockenräume. Wenn die Schuhe nicht vor Wasser tropfen, werden sie mit normaler Durchfeuchtung alle über Nacht trocken.

Wanderapp

Gedruckte Wanderkarten und Wanderführer sind bei einer E5-Wanderung ein wichtiges Backup für batterielose Zeiten und für viele weitere Zwecke (Sehenswertes, Kontakte, Zusatzinformationen etc.) gut und hilfreich: Aber man braucht keine, um auf dem rechten Weg zu bleiben. Dafür ist der E5 zu stark begangen und zu gut ausgeschildert. Das mag abseits der Hauptwanderzeit anders sein. Doch in Familie würden wir sowieso keine Alpenüberquerung außerhalb der Saison empfehlen.

Als leichte und komfortable Variante nutzten wir also eine Wanderapp. Wir probierten mehrere aus und fanden zwei besonders gut: Das Kartenwerk maps.me ist on- und offline immer kostenlos nutzbar. Die dezidierte Wander-App komoot ist mit Online-Karten gratis und kostet offline zwischen 9 (Regionen-Paket) und 30 (Welt) Euro.

Wanderzeit

Wir haben bei der Planung zu den im Rother Wanderführer (→ Literatur) angegebenen Zeiten immer noch einmal die Hälfte dazugerechnet. Das hat bei fast allen Strecken auch gestimmt, so dass wir dies als Faustregel festhalten – auch für die auf den Wegmarkierungen angegebenen Zeiten. Wir haben bei jeder Etappe unsere real benötigten Zeiten gelistet. Diese entstanden wie folgt: reine Wanderzeit + 10 Minuten Pause nach ca. jeder Wanderstunde + 1 Stunde Mittagspause.

Wasser

Aufgrund der Tragesituation kalkulierten wir mit 1,5 Liter Wasser pro Tag pro Person – auch für die Kinder. Selbst das wurde manchmal aber knapp. Da wir nicht besonders ängstlich sind, was Verunreinigungen angeht, füllten wir in hochgelegenen fließenden Wassern manchmal zumindest die Flaschen für die Erwachsenen nach. Wem das zu riskant ist, der kann ohne Weiteres auf Wasserreinigungstabletten oder -tropfen zurückgreifen. Oder aber mehr vom kostbaren Nass tragen.

Wetter

Bei all unseren bisherigen Wanderreisen hatten wir riesengroßes Wetterglück. Beim E5 zeigte sich das auf beeindruckende Weise am allerletzten Tag. Er bescherte uns Schnee in den Hochlagen und Dauerregen im tieferen Abschnitt der Wanderung. Wir hatten nur noch drei Stunden zu gehen, waren aber recht verfroren. Die Kleinste in der Trage war tatsächlich kalt an Armen und Beinen. Die Sachen brauchten viele Stunden zum Trocknen. Wir ahnten, was es bedeutet hätte, 10 Tage in dieser Form unterwegs gewesen zu sein. Wetter kann man nicht ändern, aber was wir daraus lernten: Wanderungen mit Kindern sollte man immer in der bestmöglichen aller Wanderzeiten machen, obwohl es auch dann keine Wettergarantie gibt. Gute Ausrüstung hilft dabei, schlechtes Wetter zu bezwingen. Und letztlich sollte man wissen, wann man seine Pläne ändern oder sogar abbrechen muss.

Zu guter Letzt

… hoffen wir, dass euch unser Wanderführer Mut gemacht hat, das Abenteuer Alpenüberquerung selbst anzugehen. Falls euch das Projekt als Ganzes doch eine Nummer zu groß erscheint: Beginnt mit den von uns unter jeder Etappe angegebenen Tages- oder Zweitagestouren, bis ihr euch gerüstet fühlt für das Abenteuer Oberstdorf – Meran.

Notizen

Anhang

Die folgenden Angaben sind als Auswahl und Anregung zu verstehen. Sie enthalten die Literatur, Filme und Internetadressen, die wir genutzt und/oder für gut befunden haben.

Literatur

- Rupp, Christian: E5 Oberstdorf - Meran/Bozen. Welver, 2018.
- Steuerwald, Dirk: Fernwanderweg E5: Konstanz - Oberstdorf - Meran/Bozen – Verona. Oberhaching, 2020.
- Von Kapff, Gerhard: Mit zwei Elefanten über die Alpen. Eine Familie wandert von München nach Venedig. Luzern, 2010. (nicht E5, aber eine Transalp in Familie)

Film

- Komm, wir wandern über die Alpen – WDR-Dokumentation, 2017.

Internet

App zur Wegplanung	
• Wanderapp „Komoot"	www.komoot.de

Informationen zum E5
• www.fernwege.de/d/e5
• www.fernwanderweg-oberstdorf-meran.de
• www.alpenverein.de/Bergsport/Familie
• blog.steinkauz.com/category/alpenueberquerung-e5-oberstdorf-meran-alternative-variante/ (Alternativroute)

Tourismusverbände	
• Tourismus Oberstdorf	www.oberstdorf.de
• Tourismusverband / Naturpark Lechtal	www.lechtal.at
• Tourismusverband Tirol West	www.tirolwest.at
• Tourismusverband Pitztal	www.pitztal.com
• Ötztal Tourismus	www.oetztal.com
• Tourismusverein Schnalstal	www.schnalstal-info.com

Unterkünfte

• Ansbacher Hütte	www.ansbacherhuette.at
• Berggasthaus Hermine in Madau	www.madau.com
• Braunschweiger Hütte	www.braunschweiger-huette.at
• Haus Eberhard in Vent	www.haus-eberhard.at
• Kemptner Hütte	www.kemptner-huette.de
• Martin-Busch-Hütte	www.hotel-vent.at
• Mountain Hostel	www.mountain-hostel.de
• Obergamphof in Vernagt	www.obergamphof.it
• Rutsche Hostel	www.rutsche-hostel.at
• Venetgipfelhütte	www.venet.at

Verkehrsmittel

• ALEX - die Länderbahn	www.laenderbahn.com/alex/
• Bergbahnen Sölden	www.soelden.com
• Bergsteigerlinie Oberstdorf	www.brutscher-reisen.de
• Deutsche Bahn	www.bahn.de
• Parkmöglichkeiten Oberstdorf	prenner.it/de/parken-in-oberstdorf/
• Südtiroler Verkehrsverbund	www.sii.bz.it/de
• Verkehrsverbund Tirol	www.vvt.at

Notizen

Kosten der Alpenüberquerung in 10 Tagen

Sommer 2020 (Alle Angaben in Euro)

Ausgabe	Kind, 2	Kind, 7+9 (p.P.)	Kind, 14	Kind, 17	Erwachsene (p.P.)	alle
Servus-Ticket						39,00
Bus Spielmannsau	0,00	1,95	1,95	1,95	3,90	
Übernachtung Kemptner Hütte	0,00	20,00	20,00	20,00	20,00	
Abendessen Kemptner Hütte						65,00
Frühstück Kemptner Hütte						50,00
Bus Holzgau – Bach	0,00	0,60	0,60	1,30	1,30	
Übernachtung + Frühstück Berggasthaus Hermine	0,00	36,00	36,00	36,00	36,00	
Abendessen Berggasthaus Hermine						68,00
Übernachtung Ansbacher Hütte	6,00	9,00	9,00	9,00	15,00	
Halbpension Ansbacher Hütte	0,00	7,00	7,00	29,00	29,00	
Getränke Ansbacher Hütte						29,80
Bus Schnann – Zams	0,00	2,60	2,60	2,60	5,10	
Bäckerei Zams (Mittagessen)						35,00
Venetbergbahn	0,00	11,00	11,00	17,50	17,50	
Übernachtung und Halbpension Venethütte	57,00	57,00	57,00	57,00	57,00	
Essen Galflun Alm						20,00
Kuchen Galflun Alm						9,00
Pitztaler Freizeitpass	0,00	0,00	0,00	5,00	5,00	
Übernachtung Rutsche Hostel	27,00	27,00	27,00	27,00	27,00	
Abendessen Rutsche Pub						70,00
Übernachtung Braunschweiger Hütte	9,00	9,00	9,00	9,00	17,00	
Mittagessen Braunschweiger Hütte						80,00
Frühstück Braunschweiger Hütte	0,00	8,00	11,00	11,00	11,00	
Abendessen Braunschweiger Hütte						60,00
Schwarze Schneid Bahn	0,00	4,00	4,00	7,00	7,00	
Bus durch den Rettenbachtunnel	0,00	4,00	4,00	4,00	4,00	
Übernachtung mit Frühstück Vent	0,00	26,00	26,00	26,00	26,00	

Ausgabe	Kind, 2	Kind, 7+9 (p.P.)	Kind, 14	Kind, 17	Erwachsene (p.P.)	alle
Cafe Vent						30,00
Abendessen Vent (Zur Post)						100,00
Getränke Vent						7,40
Übernachtung Martin-Busch-Hütte	9,00	13,00	13,00	13,00	19,00	
Frühstück Martin-Busch-Hütte	0,00	10,00	10,00	10,00	10,00	
Abendessen Martin-Busch-Hütte						90,00
Kakao und Kuchen Similaunhütte						40,00
Abendessen Vernagt (Tisenhof)						90,00
Übernachtung mit Frühstück Vernagt	0,00	27,00	27,00	27,00	27,00	
Eintritt Archeoparc						34,00
Kurtaxe						55,00
Trinkgelder						30,00
Duschen						30,00
Lebensmittel (Supermarkt)						77,00
Bus Unser Frau – Meran (Wertkarte)	0,00	3,81	3,81	3,81	3,81	
DB Sparticket Italien	0,00	0,00	0,00	49,90	49,90	
Summe (pro Person)	108,00	276,96	278,46	367,06	391,51	1079,20
Gesamtsumme	3171,16					

Notizen

Packliste

Tipp: Packt kleine Packungen zusammengehörender Sachen (pro Person)
in wasserfeste Plastiktüten. Für jeden solltet ihr eine Wanderkleidungstüte
und eine Hüttenkleidungstüte parat haben.

Das brauchen wir:	Person 1	Person 2	Person 3	Person 4	Person 5	Person 6	Person 7	Für alle	Dort ist es verstaut:
Rucksack (Kinder 5l – 8 – 16 – 20; Erwachsene 35l)									
Tragetuch / Trage									
für Tragekind extra: dicke Mütze, dicke Handschuhe, dicke Wollsocken, Thermojacke/hose oder -anzug (oder Fleece)									
Wanderstöcke (bei Bedarf)									
Regenhülle									
Wanderschuhe (1 Paar)									
Regenjacke									
Fleecejacke									
Regenhose (für kleine Kinder)									
dünne Mütze									
dünne Handschuhe									
3 Funktionsshirts									
3 Unterhosen / Slips									
1 bis 2 BH									
1 Hemd									
1 Nachtwäsche									
2 Paar Wandersocken									
1 bis 2 Paar normale Socken									
1 Wanderhose (abzippbar)									
1 leichte Hose (Leggins, Jogginghose aus leichtem Stoff) für die Hütte									
Badelatschen / Flip-Flops									
1 Wasserflasche (Erwachsene mind. 1 l, Kinder mind. 750 ml)									
Kopfbedeckung / Sonnenschutz									
Sonnenbrille (bei Bedarf)									

Das brauchen wir:	Person 1	Person 2	Person 3	Person 4	Person 5	Person 6	Person 7	Für alle	Dort ist es verstaut:
Hüttenschlafsack									
Stirnlampe / Taschenlampe									
Zahnbürste und -creme									
kleines Handtuch (schnell trocknend)									
Nagelschere									
EC-Karte / Kreditkarte									
Bargeld									
Hüttenkontakte, Buchungsbestätigungen									
Alpenvereinsausweis									
Personalausweis / Pass									
Krankenkassenkarte									
Handy									
Handy-Ladekabel									
Kamera mit Speicherkarte									
Kamera-Ladegerät									
Fernglas									
Medikamente									
Blasenpflaster									
Monatshygiene (bei Bedarf)									
Brille / Brillenetui (bei Bedarf)									
Haargummis (bei Bedarf)									
Duschbad / Shampoo									
Kamm / Bürste									
Taschentücher									
Klopapier (für unterwegs)									
Reisewaschmittel									
Plastiktüten									
Mülltüten (10 bis 20l)									
Windeln (bei Bedarf), ggf. nur „Notwindeln"									
Feuchttücher									

⛰ Das brauchen wir:	Person 1	Person 2	Person 3	Person 4	Person 5	Person 6	Person 7	Für alle	Dort ist es verstaut:
Notizbuch und Stift									
Wanderführer									
Taschenmesser									
Sonnencreme									
Teebeutel (bei Bedarf)									
Proviant für Pausen									
Notfallset (Trillerpfeife, Desinfektionsspray, Pflaster, Verband, Rettungsdecke)									

Fehlt noch was? Dann ergänzt es in der nächsten Tabelle.

Vergesst nicht: Jedes eingepackte Teil hat ein bestimmtes Gewicht, das ihr die gesamte Wanderung über tragen müsst.

Neben den oben genannten Dingen hatten wir Folgendes mit, das wir im Nachhinein überflüssig oder zu viel fanden: Landkarte, Kompass, Wäscheleine und einige Wäscheklammern, für jeden eine Taschenlampe, Wanderbesteck (Löffel, Gabel, Messer in einem), Unterhose/Slip für jeden zweiten Tag, Badebekleidung, Stoffballhülle mit zwei Luftballons und zwei Comics.

🧭 Das brauchen wir außerdem. Wir haben dabei an das zusätzliche Gewicht gedacht ;-)	Person 1	Person 2	Person 3	Person 4	Person 5	Person 6	Person 7	Für alle	Dort ist es verstaut:

⊙ Das brauchen wir außerdem. Wir haben dabei an das zusätzliche Gewicht gedacht ;-)	Person 1	Person 2	Person 3	Person 4	Person 5	Person 6	Person 7	Für alle	Dort ist es verstaut:

Mein Alpentagebuch

Für alle Wander-Erlebnisse in den Bergen

Hüttenzauber 1522m

68 Seiten Paperback
ISBN 978-3-903085-92-3

Du erlebst die Berge wie kein anderer!

Erinnere dich an deine Wandertouren und wichtige Details. Dein Alpentagebuch macht es dir besonders einfach: Es ist übersichtlich gestaltet und enthält zahlreiche Symbole zum Umringeln. So kannst du innerhalb weniger Minuten jeden Wandertag einordnen und für immer festhalten. Selbstverständlich findest du auch Platz für persönliche Gedanken, Hüttenstempel, Aufkleber, Fotos, getrocknete Blätter oder was immer dir wichtig ist.

Viel Freude auf den schönsten Bergen dieser Welt!

Im (Internet-)Buchhandel und auf
www.editionriedenburg.at